남겨진 단 하나,
사랑

Glaubhaft ist nur Liebe(1963, ⁴2019)
© Johannes Verlag Einsiedeln, Freiburg

Korean translation copyright © 2023 Catholic Publishing House

All rights reserved. No part of this book may be used or reproduced in any manner without written permission, except in the case of brief quotations embodied in critical articles or reviews.

남겨진 단 하나, 사랑

2023년 9월 8일 교회 인가
2023년 12월 25일 초판 1쇄 펴냄
2024년 2월 8일 초판 2쇄 펴냄

지은이 · 한스 우르스 폰 발타사르
옮긴이 · 김혁태
펴낸이 · 정순택
펴낸곳 · 가톨릭출판사
편집 겸 인쇄인 · 김대영
편집 · 강서윤, 정주화
디자인 · 이경숙
마케팅 · 안효진

본사 · 서울특별시 중구 중림로 27
등록 · 1958. 1. 16. 제2-314호
전자우편 · edit@catholicbook.kr
전화 · 1544-1886(대표 번호)
지로번호 · 3000997

ISBN 978-89-321-1880-2 04230
ISBN 978-89-321-1869-7 (세트)

값 20,000원

성경 · 교회 문헌 ⓒ 한국천주교중앙협의회, 2023.

이 책의 한국어 출판권은 (재)천주교서울대교구 가톨릭출판사에 있습니다.
저작권법에 의해 보호를 받는 저작물이므로 무단 전재와 무단 복제를 금합니다.

가톨릭의 모든 도서와 성물을 '가톨릭출판사 인터넷쇼핑몰'에서 만나 보실 수 있습니다.
http://www.catholicbook.kr | (02)6365-1888(구입 문의)

HANS URS VON BALTHASAR

한스 우르스 폰 발타사르 지음
김혁태 옮김

남겨진 단 하나, 사랑

GLAUBHAFT IST
NUR LIEBE

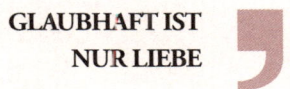

가톨릭출판사

성경이나 그 일부를 이해하였다고 생각하면서도,
자기 지성 안에 하느님 사랑과 이웃 사랑의
이중 사랑을 세우지 못하는 이는 누구나,
아직 이해하지 못하는 것이다.
— 아우구스티누스

조금이라도 사랑으로 나아가지 않는
모든 것은 비유다.
사랑이 성경의 유일한 주제다.
— 블레즈 파스칼

머리말

,

그리스도교에서 참으로 그리스도교적인 것은 무엇인가? 믿어야 할 신비들을 하나씩 차례차례 최종적인 대답으로 제시한다고 해도, 교회 역사에서 이 물음에 만족을 준 적은 없었다. 그러면서도 이 물음에 늘 하나의 통합적 지향점이 목표로 제시되었다. 바로 로고스logos다. 이 로고스라는 지점을 토대로 신앙의 요구가 해명된다. 특별하면서도 설득력 있는, 그러니까 상대를 사로잡는 특성을 지닌 이 로고스가 **우연적 역사의 진리들**에서 밖으로 표출된다. 그러면서 동시에 이 진리들에 필연성을 부여한다.

기적과 성취된 예언들이 나름대로 그 역할을 수행한다 해도 (물론 계몽주의의 성서 비평 이래로 기적과 예언들이 지닌 힘, 곧 무엇인가를 가리키는 힘은 현저하게 약화된 것으로 보이지만) 그것들이 가리키는 하나의 지점, 곧 모든 것을 연결하는 중심은 그들 너머에 있다. 교부 시대와 중세, 르네상스 시대는 그 후예가 현재까지 이르는데 이 연결의 중심점을 우주적이면서도 세계 역사적으로 기획했고, 근대는 계몽주의 이래로 인간학적 지평으로 옮겨 갔다. 전자가 시간적이고 역사적인 한계를 가지고 있었다면, 후자는 체계상 그릇된 시도였다. 하느님께서 그리스도 안에서 인간에게 말씀하시려는 바는 세계 전체에서나 특별하게 뛰어난 인간에게서나 결코 그 어떤 표준화도 얻을 수 없기 때문이다. 그것은 어떤 경우에도 신-론적theo-logisch이다. 더 나은 말로, 신-행동적theo-pragmatisch이다. 다시 말해, 인간을 향한 하느님의 행동과 관련된다. 스스로 인간 앞에서, 인간을 위하여, (그리하여 마침내 인간에게서 그리고 인간 안에서[1]) 자신을 해석하는 하느님의 행동 말이다. 이 행동으로부터 진술되어야 하는 바가 있다. 그 행동은 사랑일 때만 믿을 만하다는 점이다. 물론 이 사랑은 하느님 자신의 사랑을 의미한다. 그리고 이 사랑의 출현이 하느님의 영광이다.

그리스도교의 자기 이해와 이에 따른 신학은, 하느님께서 알려 주신 덕분에 종교적인 세계 지식을 능가하는 일종의 지혜의 지식을 토대로 (곧 신적인 것들에 대한 더 큰 앎에 근거하여) 해명될 수 없다. 또한 계시와 구원을 통해 최종적으로 자기 자신에게 도달하는 개인적이고 사회적인 인간을 토대로도 해명될 수 없다. 오로지 이는 하느님 사랑의 자기 영광을 토대로, 곧 **신적인 사랑**의 더 큰 **영광**에 근거하여 ad majorem Divini Amoris GLORIAM 해명된다. 구약 성경에서 이 영광은 엄위하신 주님의 존엄이 당신 계약 안에 현존하는 것이다. 그리고 이 계약을 통하여 온 세계 안에 그 영광이 매개된다. 신약 성경에서 이 드높은 영광은 하느님의 사랑이 그리스도 안에서 죽음과 밤의 **맨 밑바닥까지** 내려가는 데서 밝혀진다. 하지만 이 마지막 끝

(이것이 최후에 대한 담론으로서의 진정한 종말론이다)은 세계와 인간을 기점으로는 파악될 수 없다. 그것은 오직 **전적으로 다른 것**으로서 맞이해 들이는 가운데 감지될 수 있을 뿐이다.

지금까지 한 이 짧은 서술은 내 작품인 《영광*Herrlichkeit*》의 의도를 요약한 것이기도 하다. 《영광》은 이중적 의미, 곧 주관적 지각론이자 하느님 영광의 객관적 자기 해석론이라는 점에서 **신학적 미학**이다. 신학적 미학의 목적은 이 신학 방법이 신학적 사유의 하찮은 부산물이 아니라, 오히려 유일무이한 최종 방법으로서 신학의 핵심에 속한다는 권리 주장을 할 수밖에 없음을 보여 주는 데 있다. 이에 비해 우주론적이고 세계 역사적인 접근과 인간학적인 접근 방법은 기껏해야 보완적이고 이차적인 관점들로서 제시될 수 있을 따름이다.

이로써 우리는 **미학**이라고 일컫는 바를 순전히 신학적인 무엇으로 규정하였다. 다시 말해, 신학적 미학은 하느님 사랑의 영광을 맞아들이는 것이다. 하느님의 지극히 자유로운 사랑이 자신을 밖으로 전개하며 해석해 주시는 이 영광을 인간은 다만 믿음 안에서 감지하는 가운데 받아들일 수 있을 뿐이다. 이 점에서 신학적 미학은 그리스도교적 철학의 미학과는 전혀 공통점이 없다. 이를테면 르네상스(피치노), 계몽주의(섀프츠베리), 관념론(셸링, 프리스), 중재 신학(드 베테)의 미학이나, 심지어 슐라이어마허가 미학적 신심이라고 일컬은 것(《그리스도교 신앙*Der christliche Glaube*》, §9)과도 아무 상관이 없다. 셸러의 현상학적 방법은 유사하다고 할 수 있다. 그의 방법이 순전히 대상이 자기를 내어 주도록 하는 것에 초점을 맞춘다는 면에서 그렇다. 하지만 신학에서는 존재에 대한 방법적 '괄호 넣기'가 전혀 고려 대상이 아니다. 신학이 순수 직관의 철학적 '무관심성'(곧 인식gnosis을 위한 부동심apatheia으로서의 판단 중지epochê)을 추구할 수는 없다. 신학은 다만 그리스도교적 '무차별성'을 추구할 뿐이며, 이것만이 '스스로가 목적 자체인'(다른 말로 절대적인) 하느님 사랑의 '무사심성'을 받아들이기 위한 단 하나의 가능한 방법론적 태도다.

여기서는 방법론적 핵심만을 간략하게 서술하는 게 목표다. 빅토르 바르나흐의 《아가페, 신약 성경 신학의 근본 주제로서의 사랑*Agape, Die Liebe als Grundmotiv der neutestamentlichen Theologie*》(1951)과 스피크의 《신약 성경 속 아가페*Agape dans le Nouveau Testament*》(1958-1959)를 보면 더 많은 내용을 알 수 있을 것이다.

본문에서 제시하는 바는 근본적으로 새로운 게 아니다. 신학 전통 안에서 위대한 성인들의 생각을 따르려고 했기 때문이다. 아우구스티누스, 베르나르도, 안셀무스, 이냐시오, 십자가의 요한, 프란치스코 살레시오, 아기 예수의 데레사……. 사랑하는 이들이 하느님을 가장 잘 안다. 신학자는 이들에게 귀를 기울여야 한다.

이 책에서 찾으려 한 방법론적 핵심은 동시에 우리 시대 본연의 신학적 때(카이로스, Kairos)를 가리킨다. 곧 우리 시대가 이 사안으로부터 아무런 울림을 받지 못한다면, 결코 유추될 수 없는 순수성 안에서 그리스도교 본래의 것을 만날 기회는 이 시대에 찾기 어려운 차로 남을 것이다. 이런 점에서 《남겨진 단 하나, 사랑》은 이전 작품 《성벽을 무너뜨리다 Schleifung der Bastionen》를 긍정적이고 건설적으로 보충했다고 할 수 있다. 그 작품에서 나는 보루들을 허물어뜨리고 그리스도교 본연의 것을 위한 열린 공간을 확보하려 했다.

1963년 새해, 바젤에서
한스 우르스 폰 발타사르

옮긴이의 말

,

20세기 위대한 가톨릭 신학자인 발타사르의 거대한 신학적·문학적 산맥을 제대로 조망하지도 못한 채, 그의 작품을 겨우 일부나마 우리말로 옮긴다는 게 가당하기나 하겠는가! 더욱이 옮긴이에게는 통찰의 은총도 허락되지 않으니, 쉽게 말하는 것은 성인들에게나 가능한 일이라고 누군가 말했다. 그럼에도 발타사르의 신학적 지형에 대해 얼추 윤곽을 그려 볼 수 있지 않을까 한다.

1. 물음   다른 것과 구별되는 그리스도교적인 것의 핵심

은 어디에 있는가? 그리스도교적인 것의 으뜸한 특성은 무엇인가?

2. 지향점 발타사르의 신학적 기획의 목표는 모든 것을 사랑 위에, 정확히는 하느님의 절대적 사랑 위에 세우는 것이다. 계시 사건에서 드러나는 하느님 사랑의 아름다움과 신비를 관조하는 가운데 그 사랑 속으로 빠져드는 것이야 말로 그의 신학이 지향하는 궁극의 관심사다.

3. 하느님의 계시 그리스도교 신학의 관건은 결국 하느님의 계시를 있는 그대로 파악하고 이해하는 데 있다. 여기에는 모든 신학의 출발점이자 대상으로서 보이지 않는 하느님께서 자신을 드러내시고 세상과 인간을 향해 말씀을 건네신다는 사실이 놓여 있다. 이때, 표상 불가능한 것이 스스로를 드러내는 현상을 가리키는 개념인 **형태** Gestalt, 괴테에게 빌려온 이 개념을 토대로 발타사르는 하느님의 **객관적** 계시를 파악하려 한다. 곧 보이지 않고 형

용할 수 없는 내재적 삼위일체 하느님께서 형태를 통해 당신을 드러내시고 자신을 몸소 **해석**해 주신다. 이 **객관적 명증성** 없이는 신학이 불가능하다. 다시 말해, 하느님께서 직접 말씀하지 않으셨다면, 하느님에 대해 말할 수 없고 신앙의 체험(주관적 명증성)도 있을 수 없다. 이 부분이 발타사르의 신학적 미학의 객관적인 측면으로서, 하느님의 자기 해석학이자 형태에서 드러나는 계시의 아름다움을 직관하는 지각론에 해당한다고 할 수 있다.

4. 인간을 위한 계시 형태 안에서 말씀하시고 당신 자신을 주시는 하느님의 계시는 인간이 그것을 감지하고 수용하기를 요구한다. 하느님의 계시가 직접 인간 안에서 응답과 믿음을 촉발하고, 인간은 이 믿음의 빛 안에서 하느님의 말씀에 응답하는 가운데 자신의 한계를 넘어 하느님의 사랑 안으로 드높여진다. 발타사르는 이를 '자기를 벗어나 드높여진다'고 설명하는데, 이 부분이 그의 신학적 미학에서 하느님 영광의 육화와 이에 대한 인간의 참여를 가리키는

주관적 측면이라 할 수 있다.

5. 아름다움·선함·진리 하느님의 객관적 계시 사건에서 출발하여 (위로부터 오는) 이 계시가 인간 안에서 믿음의 복종을 불러일으킴으로써 인간이 하느님의 사랑을 감지하는 데까지 이르는 역동성을 발타사르는 **신학적 미학**을 통해 설명한다. 그러나 하느님의 계시는 예수 그리스도라는 **형태**에서 정점에 이르는데, 성자의 강생과 수난, 죽음과 부활에서 드러나는 하느님의 행동을 숙고하는 것이 신학 작업의 중심이고, 이는 **신학적 드라마학**에서 전개된다. 나아가 그러한 하느님의 모든 말씀과 행동이 어떻게 진리로서 밝혀지고 파악될 수 있는지를 다루는 것이 그의 **신학적 논리학**이다. 따라서 발타사르는 하느님의 계시가 지닌 '아름다움'에서 출발하여 '선함'과 '진리' 순으로 자신의 신학 전반을 구축한다고 볼 수 있다. 이 초월적 범주들은 서로 분리될 수 없는데, 이러한 유기적 총체성을 그는 이렇게 말한다.

"**신학적 미학**은 …… **신학적 드라마학**과 **신학적 논리학**으로 계속 이어져야 할 것이다. 신학적 미학이 하느님의 현현에 대한 **지각**을 우선적 대상으로 삼는다면, 드라마학은 이 지각의 내용인 인간과 함께하는 하느님의 **행동**을, 논리학은 이 행동의 신적인 …… **진술 방식**을 우선적 대상으로 삼는다. 그럴 때만, 비로소 아름다움이 전체 질서 안 제자리에서 그대로 드러나게 될 것이다. 하느님의 선함이 자신을 선사하는 방식으로서, 하느님께서 말씀하시고 인간이 이해하는 진리로서의 전체 질서 말이다."(《영광Herrlichkeit》 I, 11쪽)

대략 여기까지가 그의 주저인 3부작 《영광》, 《하느님 드라마Theodramatik》, 《하느님 논리Theologik》에 대한 희미하고 거친 투시도다. 제대로 보았는지 확신이 없지만, 하느님의 계시 사건을 미학적 관점, 윤리적 관점, 논리적 관점에서 통합적으로 숙고하고 관조하려던 발타사르의 원대한 구상을 통해 그리스도교 신학의 사변적 황량함에 풍요로움이 더해졌음은 분명해 보인다. 앞서 소개된 《세계의 심장》

은 그의 3부작 가운데 《하느님 드라마》에 대한 서정 문학적 요약이며(물론 시간상으로는 《세계의 심장》이 분화한 것이 《하느님 드라마》다), 《남겨진 단 하나, 사랑》은 《영광》을 읽기 전에 볼 수 있는 입문서이자 발타사르 신학 여정의 중기를 요약하는 작품이다. 본문에는 독자들에게 도움이 되기를 바라며 원문에 없는 요약 글을 실었음을 미리 밝힌다.

작지만 무거운 이 책을 번역하도록 자극을 주신 이병호 주교님, 부족한 번역을 읽어 주시고 검토해 주신 정승현 신부님, 기도로 응원해 주시는 성클라라익산 · 장성봉쇄 수도원 수녀님들께 깊이 감사드린다.

그게 어떤 사랑이든 끝까지 변하지 않고, 끝까지 책임지는 사랑을 통해서만 우리는 구원받을 수 있지 않을까! 하느님의 사랑이 우리 가운데 나타났다(1요한 4,9 참조).

2023년 여름, 익산에서
김혁태 베드로

차례

머리말 7

옮긴이의 말 14

1장 우주론적 환원 23

2장 인간학적 환원 49

3장 사랑의 제3의 길 79

4장 사랑의 실패 97

5장 감지될 수 있는 사랑 119

6장 계시로서의 사랑	135
7장 의화이자 믿음으로서의 사랑	163
8장 행동으로서의 사랑	179
9장 형상으로서의 사랑	209
10장 세상의 빛으로서의 사랑	233

| 맺음말 | 247 |
| 주 | 254 |

1장

우주론적 환원

HANS URS VON
BALTHASAR

PREVIEW   모든 것을 연결하는 중심을 토대로 신앙의 요구를 해명하는 일은 신학의 필수 과제다. 여기서 발타사르는 '로고스'를 중심에 둔 커다란 두 갈래 흐름을 읽어 낸다. '우주적이고 세계 역사적인 기획'과 '인간학적 기획'이다. 그러나 그에게는 이 두 가지 모두 예수 그리스도에게서 드러난 하느님의 계시를 최종으로 해명할 수 없다. 이를 입증하기 위해 철학사와 신학사 전반을 살핀다.

먼저 첫 번째 갈래인 "우주론적 환원"에서 교부들부터 근대에 이르기까지 하느님의 말씀이신 로고스로 귀결되는 모든 철학적·신학적 시도를 일별한다. 발타사르에게는 이 우주론적 체계가 "자연적 질서와 초자연적 질서의 일체성"을 근간으로 하여 이른바 완성과 충만의 도식으로 나아간다. 곧 우주 안에 '단편적인 로고스의 씨앗들'이 뿌려져 있고, "이 씨앗들은 사람이 되신 로고스 안에서 일체성과 충만에" 이르는 것이다.

그러나 역사적으로 "순수한 말씀에 대한 순수한 믿음의 순수한 복종"을 내세운 개신교, 우주를 탈신화함으로써 순수 이성 위에 참된 종교를 세우려 했던 '자연 종교'의 시도, 가톨릭의 신스콜라주의를 거치며 이 우주론적 환원은 효력을 상실한다. 그 결과는 은총과 자연 사이의 철저한 구분이었다. 은총 안에 있지 않은 자연 또는 본성은 처음부터 아예 생각할 수 없음에도 이 양자가 분리됨으로써, "우주적이고 역사적인 맥락은 그리스도교의 초자연성을 더 이상 뒷받침할 수 없게 되고" 만다. 발타사르는 이 철저한 분리가 결국은 아름다움과 신비에 대한 감각을 상실한 황량한 세속주의의 커다란 원인이라고 본다.

,

그리스도의 복음을 믿을 만한 것으로 세상에 제시하기 위해 교회 교부들은 세계 여러 종교를 배경으로 삼는다.

세계 종교들의 다양성 안에서(에우세비우스, 아르노비우스, 락탄티우스), 또는 종교적이고 철학적인 통합성 안에서(유스티누스, 오리게네스, 아우구스티누스) 복음을 살피는 것이다. 이런 맥락에서 보면 결국 그리스도교적인 것은 세계 안에 뿌려진 단편적인 이성의 씨앗들Logos spermatikos의 완성을 의미한다. 이 씨앗들은 사람이 되신 로고스Logos sarx 안에서 일체성과 충만에 이르고, 무엇보다 구원받은 자유에 도달한다(클레멘스, 아타나시우스). 하지만 이때, 그리스도교적인 것은 완성을 의미하면서도 방향 전환을 내포한다. 단편적 이성들Logoi이 모두 자신을 절대화하고, 그럼으로써 죄스럽게도 진정한 로고스Logos에 대항한 것으로 간주되기 때문이다(아우구스티누스, 《신국론*De Civitate Dei*》).

그리하여 이 우주론적 완성의 체계 안에서 옛 계약과 새 계약의 관계가 성공적인 특별 사례로 여겨졌다.* 이 체

---

* 물론 엄밀한 구분이 있는 것은 아니다. 성경을 이스라엘의 계약의 책으로만 여기지 않고 세계 역사의 축약으로 볼 수도 있기 때문이다.

계에서는 옛 계약이 지닌 예언의 구조와 새 계약에서 이루어진 성취가 명백했기 때문이다. 그리스도교는 모든 단편들의 통합, 얽히고설킨 것들의 해방, 뒤집힌 것들의 방향 전환이었고, 그렇게 믿을 만한 것으로 제시되어야 했다. 물론 우주를 고정적인 것으로 구상한다고 해도 간단한 문제는 아니었다(디오니시우스에게서는 세계의 구조 안에 그리스도가 들어설 자리가 거의 없다). 우주의 역사를 배경으로 이를 설명하는 경우에는 좀 더 어려웠다. 예를 들어, 행복한 결말을 가진(발렌티누스) 이원론적 드라마(마니교), '비유사성의 영토'로 가라앉은 하느님 나라나 또는 신랑을 맞으러 시대를 관통하며 순례하는 천상 예루살렘(오리게네스, 아우구스티누스의 《고백론Confessiones》 11-13), 발출하고 귀환하는 본성(에리우게나, 토마스, 피치노, 뵈메, 셸링), 로고스의 씨앗이 뿌려져 '소피아Sophia'로 성장하면서(솔로비요프) 혼인 잔치의 시간인 '오메가 포인트'를 향해 발전하는 물질(샤르댕) 등이 그런 경우다.

이 우주론적 방법이 가능했던 이유는 옛 문명들로부터 당연한 것으로 받아들인 철학과 신학 사이의 동질성 때문이었다. 그리고 더 나아가 자연적 질서와 초자연적 질서의 일체성 때문이었다. 곧 세상 처음부터, 아담 이래로 하느님을 알아보고 깨달을 수 있게 되었지만, 이방 민족들은 명백히 드러나 있는 것을 인정하지 않았고, '이미 드러난 하느님의 영원한 권능과 신성'에 순종하지 않았으며, 변명할 수 없는 자신들의 불순종 때문에 굴욕적인 우상 숭배의 벌을 받았다는 것이다(로마 1,18 이하). 이처럼 옛 세계를 지배한 일체성의 원리들이 있다. 스토아주의의 세계 로고스나 아래 물질에서 시작하여 꼭대기에는 초본성적 일자—者가 자리하는 신플라톤주의의 존재의 피라미드, 세계를 통일하는 로마의 추상적 패권 등이다. 이러한 원리들은 인격적 하느님 로고스에 대한 도식적 전조들이고, 대체될 수 있다. 인격적 하느님 로고스가 이스라엘의 역사를 통해 다가오고 우주와 온 교회를 충만하게 하기 때문이다. '이데아들Ideen'의 진정한 '장소'인 이 하느님 로고스 안에서 세계가 창조되었고 오로지 이 로고스를 향해서만 세계는 이해될 수 있다. 로마를 향한, 그리고 로마로부터 세상 끝까지 이르는 그리스도교의 승리의 여정을 보면, 그러한 성취와 충만이 이상적일 뿐 아니라 실제적이다. 이를 증명하기 위해 무엇이 더 필요했겠는가?

"좋고 아름다운 것은 모두 우리에게 속합니다."(유스티누스, 《호교론 *Apologia*》 II)

그렇다면 같은 정신 안에서 앨퀸이 이끈 카롤링거 시대의 학술원이 고대 철학을 로고스를 통해 특별한 빛을 받은 것으로 인정하지 않을 이유가 있었겠는가? 그러면서 소크라테스 안에서 그리스도의 제자로서의 모습을 찾아내지 않을 이유가 있었겠는가? 보에티우스와 더불어 철학으로부터 그리스도교적 위안을 받지 않을 이유가 있었겠는가? 보에티우스는 철학 안에서 우주적 영광을 명상하며 하나인 로고스를 감지한 인물이다. 신성으로 가득

찬 고대의 세계상은 모두 플라톤이나 아리스토텔레스에게서 유래하든 스토아주의나 플로티노스와 프로클로스에게서 유래하든, 신과 관련된 일정한 관념을 품고 있다. 그리고 이에 따르면 세계가 신성하다. 형식상으로는 여기에 그저 중심이 빠져 있을 뿐이었다. 이 중심이 스스로 들어와 자리를 잡자, 우주의 사랑의 힘들이 하느님의 사랑(아가페, Agape) 안에서 넘치도록 충만해진 것으로 드러났다. 아레오파기타에 따르면, 이 하느님 사랑이 마땅히 자신이 진정한 에로스Eros의 칭호를 가져야 한다고 요구하며, 피조물 안에 흩어져 있는 에로스의 모든 힘을 중심인 자신에게로 수렴한다. 성경이 말하는 지혜Sophia가 사람이 되시고 만물의 상속자가 되셨다. 그리하여 지혜에 대한 민족들의 모든 갈망(지혜 사랑Philo-sophia)을 이 하느님 지혜가 충족시킨다. 이로써 지혜에 대한 갈망이 지닌 지성적 일체성과 합리성 모두 하느님 지혜에 귀속된다. 곧 철학적인 우주에서 그리스도교적이고 신학적인 우주로 나아가는 충만의 여정은 최고로 가능한 일치의 직관을 이성에게 선사한다. 이때 이성은 은총과 신앙의 빛으로 조명되고 강화된다. 그리고 그러한 일치의 직관 앞에서 계시의 개별적 단일 원리에 대한 물음은 불필요한 것이 된다.

오로지 그러한 직관으로부터만 중세 말기 쿠자누스의 《신앙의 평화De pace fidei》와 같은 구상이 이해되고 정당화된다. 이 작품에서 쿠자누스는 수백 년을 건너 보에티우스, 디오니시우스, 앨퀸에게 손을 내민다. 여기서 그리스도는 우주적 로고스로서 천상 공의회를 소집한다. 지구상 종교들의 다양성에 대한 불편함을 더는 참을 수 없었기 때문이다. 이 공의회에 모든 종파 대표들이 참석했고, 로고스와 로고스의 대리자인 베드로와 대화하는 가운데 그들이 내적 단일성을 지니고 있음을 설득당한다. 여기서 그리스도는 이렇게 말씀하신다. 지혜에 대한 모든 가르침에서 "너희가 매번 다른 신앙을 발견하는 게 아니다. 어디에나 단 하나의 동일한 신앙이 전제되어 있을 뿐이다. ······ 유일한 하나의 지혜만이 있을 수 있기 때문이다."라고 말이다. 본래 이 지혜가 단편적인 모든 지혜를 다 품고 있다. 온갖 신들 안에 신성의 단일성이 전제되어 있고, 창조에 대한 모든 참된 믿음에서 삼위일체론이 개진될 수 있으며, 진정한 예언적 종교는 모두 그 성취인 강생을 드러낼 수밖에 없다.

말하자면 계속 그런 식으로 이어진다. 그러나 이에 대한 합의는 다만, 하느님의 존재는 전적으로 다르다는 것과 그분은 늘 더 크신 분이라는 것이 공통의 토대로 인정되는 곳에서만 가능하다. 달리 말해, "창조주이신 하느님께서는 삼위이시고 한 분이시다. 그러면서도 그분은 무한하신 분으로서 삼위도 아니시고 한 분도 아니시며, 말해질 수 있는 그 무엇도 아니시다. 하느님께 투여되는 모든 이름은 피조물에서 유래하기 때문이다. 반면에 그분 자신은 그 자체로 발설될 수 없는 분, 명명하거나 진술할 수 있는 모든 것을 초월하는 엄위하신 분"이시다. 그리하여 쿠자누스는 이렇게 결론짓는다. "여러 종교의 다양성은 무엇보다 미개한 이들의 단순함에서 기인한다. 이 다양성은 각각의 예식들에 따른 것일 뿐, 이 예식들이 전반적으로 가리키는 바에 의한 게 아니다. 모든 종교의 현자들은 영적인 장소에서, 곧 모든 단편적 지혜가 보편적으로 하나로 집중되는 바로 그곳에서 쉽사리 모일 수 있으리라."²

르네상스는 동일한 방법이 다시 한번 승리하는 시기여야 했다. 이제는 믿을 수 없게 된 스콜라적 학교 운영과 신뢰를 상실한 수도원 체계에 새롭게 고대 세계와 인류 전체의 지혜 전통이 지녔던 황금 같은 기초를 제공함으로써, 그리스도교에 구심점과 그 내적 보편성을 다시 부여하고, 이로써 그리스도교의 신빙성을 회복시킨다고 여겼다. 이를 훌륭하게 시작한 사람이 단테였다. 페트라르카는 스콜라주의의 아우구스티누스를 뒤로하고 《고백록》의 실존적 아우구스티누스를 재발견해 냈다. 그에게 아우구스티누스는 플라톤주의의 틀 안에서 완전한 종교를 찾는 이였고, 아우구스티누스가 젊을 때 쓴 작품 《참된 종교》는 모든 르네상스 신학의 본보기였다. 페트라르카는 조반니

콜론나에게 이렇게 쓴다.

"우리는 그리스도인이고, 그런 우리에게 철학은 오로지 지혜에 대한 사랑이어야 한다. 그런데 하느님의 지혜란 그분의 로고스이고, 이 로고스가 그리스도이시다. 그러니 우리가 참된 철학자가 되기 위해서는 그리스도를 사랑해야 한다."[3]

수도원 체계 역시 페트라르카와 인본주의자들에 의해 다시 신뢰를 얻는다. 이는 그들이 수도 생활을 명상적 삶의 지극히 인간적 형태로 이해하고 그런 삶을 실천함으로써 이루어진다. 라이문두스 룰루스에게서 시작된 이 길은 그의 《명상들*Contemplationes*》을 편집한 르페브르 데타플에게로 이른다. 이들에 따르면, 인류의 순수하고 종교적인 모든 로고스 숭배는 황금 같은 기초로서 하느님 말씀에 대한 흠숭의 저변을 이룬다(에라스뮈스의 로고스 사랑으로서의 문헌학). 성경이 말하는 지혜와 고대 세계의 지혜는 서로 관련되어 작용한다. 예를 들어 피치노가 쓴 《모세와 플라톤의 상응성 *Concordantia Mosis et Platonis*》에서 플라톤은 신약을 이성적으로 밝혀 주는 인물로 등장한다. 물론 플라톤 자신은 구약에 종속되어 있다. 이미 12세기 문예 부흥(르네상스, Renaissance)에서 복음주의와 인본주의가 서로 의존 관계였고[4], 이것이 15세기와 16세기의 르네상스에서도 재현되었다.[5]

그러나 순수 로고스로의 복귀는 인본주의자들에게는 순수한 성경 말씀에 대한 요청과 동일시되었고, 이로부터 개신교가 태동한다. 이 개혁 운동은 철학을 시녀로 삼는 것을 포기하고, 하느님의 복음 말씀과 그리스도교 신앙이 처음으로 적나라하게 서로 만나게 하는 일과 같았다. 이는 말씀의 '신빙성'에 대한 물음은 제쳐 둘 만큼 적나라했다. 물론 그 동기는, 순수한 말씀에 대한 순수한 믿음의 순수한 복종을 이미 인간 이성의 차원에서 확고히 하고 그럼으로써 경직 상태를 유연하게 하려는 데 있었다. 이는 개신교의 불행이 될 일이었다. 새롭게 설정된 물음에 답을 하기가 양극단 사이에서 대립적으로 축소된 신앙 개념 때문에 한층 어렵게 되었기 때문이다. 이뿐만 아니라, 서구의 분열로 인해 그리스도 교회가 처한 상황 때문에도 그 답은 불가능한 것이나 다름없었다. 막 시작된 근대에 그리스도교 신앙을 못 믿을 것으로 만든 것은 교회 분열보다 더한 게 없었다. 철학적 세계상으로부터의 뒷받침을 포기한 바로 그곳에 기본적으로 남는 것은, 일치 안에서 당신의 평화를 지키라는 그리스도의 주된 계명에 삶으로 복종하는 것이었고, 이제 외부 세계를 향해 복음 말씀이 지닌 특별하고도 고유한 신빙성을 확고히 해 주는 것은 그러한 복종밖에 없었다.[6] 그러나 그 대신에 이제 그리스도교 내부의 물음들을 둘러싼 논쟁이었던 종파적 대립은 그리스도교적인 것의 신빙성에 대한 신학적 물음 전체를 뒤편으로 밀어내고, 싸움을 지켜보던 주변 세계로 하여금 더욱 일관되고 철저하게 종교 개혁 이전의 길을 걸을 수밖에 없도록 만든다. 근대 정신사 가운데 옛 세계상에서 새 세계상으로의 소리 없는 전이보다 더 흥분을 불러일으키는 일도 아마 없을 것이다. 곧 어제는 신학의 문제였고 그렇게 보였던 것이, 어떻게 그리되었는지 아무도 모르는 사이에, 오늘은 철학과 합리주의의 문제가 되어 있었다.

르네상스의 철학적 세계상은 부흥한 고대의 세계상, 종교적이고 신화적인 세계상이었다. 이미 단테 시대에 천체의 기운이나 우주의 힘들을 천사나 지성적 존재 또는 '신들'이라 불렀다. 《티마이오스》에 나오는 신들조차도 데미우르고스라는 창조신이 창조해 세계에 준 것으로 여겼다. 어디에서나, 정신이 깃들고 생명이 부여된 우주를 그리스도교가 말하는 강생 교리의 배경으로 받아들였다. 그리하여 일찍이 종교 전반을, 보에티우스의 《철학의 위안》에서 보듯, 지식인 독자층이 상위의 그리스도교적 종합 명제와의 연관성을 놓치지 않도록 하면서도, 동시에 독립적으로 제시할 수 있었다.

이 점에서 토머스 모어의 《유토피아*Utopia*》는 쿠자누스의 '천상 공의회'와 정신적으로 아주 가깝다고 할 수 있다. 따라서 이 작품은 모든 종파적 차이를 관용하는 '자연 종교'를 내세웠던 후대의 경향과는 거리가 멀다. 유토피아를 꿈꾸는 이들의 종교는 이를테면 그리스도교 본연의 것을 그 고유의 선명한 주요 진리들로 환원하는 것이다. 이는 교회 역사 안에 암암리에 퍼진 왜곡들만이 아니라 우연한 '확실성들'에 대한 선의의 상대화 역시 괄호 안에 넣어 판단을 중지하는 일을 수반한다. 이 때문에 그리스도교에 대한 추가적인 지식은 유토피아 주창자들 사이에 "엄청나게 강력한 인상"을 주었다. 그것이 "그들 가운데 대부분이 추종했던 신앙에 가장 부합하는 것으로 보였기 때문"이다. 그들이 주창하는 유토피아적 종교에 따르면 종교의 모든 사안에서, 무엇보다 그 전파 과정에서 비폭력은 그리스도의 태도에 부합한다. 재물의 공동 소유는 "그리스도께서 대단히 적극적으로 승인했던 첫 사도들의 공동 삶"에 상응한다. 하느님을 향한 태도가 순전한 경외심과 기꺼운 사랑을 통해, 또한 열렬한 개인 기도와 공동 기도를 통해 형성된 것이라면, 이는 온전히 그리스도교적 태도를 훤히 보여 주는 것이다. 저세상에 대한 생생한 믿음, 죽음에 대한 견해, 기적에 대한 수용, "모든 보상에 대한 완전한 포기 아래" 동료 인간을 섬기는 가운데 "자신에게 더 높은 영예가 주어질수록 한층 더 자기를 동료들의 종으로 자처하며" 실행하는 사심 없는 봉사, 일종의 수도 생활과 독신의 확산, 사제들에 대한 존경, 서로 주고받는 고백과 용서의 실천, 동료와 화해하기 전에는 그리고 모든 격렬한 감정에서 자유롭게 되기 전에는 하느님 예배에 참석하지 않는 규범, 하느님의 은총에 의해 산다는 보편적 의식 등, 이런 특성과 또 다른 특성들은 유토피아라는 종교가 그리스도교의 하나의 **상징**이라는 충분한 증거였다. 이는 마치 중세 시기에 성배聖杯가 성사적으로 형성된 그리스도교적 삶의 **상징**이었던 것과 비슷했다. 유토피아 주창자들에게는 그러한 상징론의 틀 안에서만 "하느님 자신이 신앙 방식의 다양성을 바라신 건 아닌가. 그리하여 하나의 형태가 다른 형태를 자극하도록 하신 것은 아닌가." 하는 질문이 떠오를 수 있다. 그들은 논의 끝에 이르러 "하느님 마음에 드는 더 나은 종교"를 받아들일 준비가 되어 있다고 하느님께 맹세한다. 하지만 다시 한번 "하느님께서 종교들의 다양성을 기꺼워하는 경우가 아니라는" 조건 아래 그런 종교가 있다면 받아들이겠다고 말한다.

이것이 인본주의적 비유의 언어로 말하자면 여전히 그리스도교적 세계 로고스다. 자신의 본질을 향해 베일이 벗겨지고 추상화되는 그 로고스 말이다. 이것이 《제3의 힘 *Die Dritte Kraft*》[7]을 제창하는 남자들에게는 핵심이 된다. 그들은 파괴적인 교회의 불화를 역겨워하며 더욱 의식적으로 그러한 본질로 회귀하려 한다. 그러나 르네상스의 플라톤적 세계상 자체가 과거 회귀적 세계상이었다. 그것은 발아하는 자연 과학에 비하면 이미 시대착오적이었고, 여기서 그들이 추구한 탈신화는 동시에 인간화였다. 곧 깨닫지 못하는 전이의 과정들 안에서, 고대 그리스도교적 전체

로고스의 자리를 '자연적' 종교와 윤리와 철학이 대체한다. 그리고 이것이 민족들과 시대의 공통 본성에 상응하는 일이었다. 따라서 (로마 1,18 이하에 따르면) 계시 개념의 한 부분은 그러한 자연 종교의 손안에, 다른 부분은 '실증적' 종교들의 손안에 떨어진다. 그리하여 이제부터 실증적 종교들, 곧 그리스도교와 다른 종교들은 늘 더욱 급박해지는 소환 요구에 따라 인류의 자연 종교라는 재판정에서 자신을 해명해야 한다.

에드워드 허버트에게서는 의도적인 돌출이 일어나는데, 이미 이를 위한 준비가 무르익었다. 곧 하느님 인식과 하느님 예배가 그리스도교적 조건들에서 분리되어, 독자적인 종교학의 토대 위에 세워진다. 그리하여 명목상이든 실제적이든 모든 계시 종교는 종교학의 공식적 요구에 종속되어야 한다. 게다가 그는 자신의 자연적 하느님 개념을, 모어와 그 이후 시대 대부분의 영국 자유사상가들과 마찬가지로, 그리스도교 전통에서 취한 내용들로 채웠는

데, 이는 순수 이성이 발견할 수 있고 답변할 수 있다고 여겨지는 요소들이었다. 이처럼 고대 그리스도교의 옛 신우주론(神宇宙論, Theokosmologie)이 곳곳에 공동 즈건으로 자리 잡고, 그 결과로 공동 책임을 지게 됨으로써, 그리스도교적인 것이 믿을 만한 것이 되기 위해서는 본래 어느 지평과 연결되어야 하는지 답변이 어렵게 되었다. 철학과 신학의 종합이라는 명분 아래, 바로 이어지는 시대의 여러 거대한 시도들을 혼합주의가 지배한다. 반면에 평범한 인물들은 순수한 '이성 종교'의 극단주의를 추구하는데, 이 극단주의에서는 비판의 기준이 우주론적 차원에서 결정적으로 인간학적 차원으로 이동한다.

그렇다면 여기서 라이프니츠는 어디쯤 서 있을까? 그는 그리스도교 계시에 대한 이해를 자신의 철학적 세계 이해에 별 단절 없이 덧붙인다. 창조주의 의지가 자기 자신의 절대적 지혜와 호의에 의해 규정되어 있다면, 그럴 때 창조주는 최상의 선을 실현한다. 그리고 이 최상의 선은 만물을 신으로부터 인식하고 신에게 응답하는 정신적이고 이성적인 단자(單子, Monade)들을 요청한다. 이 단자들은 위로 치솟으며 창조주의 지혜와 호의를 반사하는 것들이다. 그리고 더 나아가 창조주의 최상의 선은 상승하는 질서를 요청하는데, 이는 단순히 외적으로 믿어진 계시 진리들(사실의 진리들vérités de fait)에서 **이해된** 진리들로, 곧 영원한 이성적 진리들과 선험적으로 결코 모순될 수 없는 (그리하여 이에 상응하는 바대로 해석되어야만 하는) 진리들로 이어지는 질서다. 여기서 이 이해된 진리들이 결국은 영원한 이성적 진리들을 완전하게 표현해야 한다.

은총이 자연을 완성한다. 하느님께서는 두 나라를 뗄 수 없이 동시에 바라셨고 세우셨다. 개인적 유일회성과 예정적 선택은 사실상 동시에 발생한다. 그리고 모든 정신 단자가 자신의 인격적 내면에서 우주를 반사한다. 이 때문에 각각의 정신 단자에서 의식과 명료성의 정도가 각기 다르다 할지라도, 세계에 대한 하느님의 전체 계획 또한 읽어 낼 수 있다. 하느님을 믿는 소박한 그리스도인인

라이프니츠는 독일 관념론으로 들어가는 모든 길을 연다. 우주론적 배경은 그리스도교적인 것의 핵심을 입증하는 데 더 이상 기여하지 못한다. 우주론적 배경이 그리스도교적인 것을 자신 안으로 흡수해 버려 구별할 수 없게 되었기 때문이다.

물론 이 길은 이제 계속해서 진전될 것이고, 자연 종교의 이름으로 모든 초자연적 종교와 실증적 종교는 부인된다. 그러나 더 깊은 사유의 차원에서 볼 때, 계시 개념에서의 자연과 초자연 사이의 대립과, 이에 상응하는 이성 종교와 실증적 종교 사이의 대립은 극복된 것으로 보인다. 첫 번째 길은 경건주의가 보여 주었다. 곧 신적인 것에 대한 내적이고 직접적인 영적 체험은 인간적이며, 그럼에도 옳게도 거기에 계시의 이름을 붙일 수 있다는 것이다. 그러한 체험을 바탕으로 모든 실증적인 것은 교의적이든 예식적이든 자신을 투명하게 드러낸다. 이것이 의미하는 바는 실증적인 것이 (사실의 진리로서) 말하자면 역사적이고 시공간적인 맥락 안에서 상대적인 하나의 특정 위치에 자리한다는 것이다. 그러나 여기서 이를 우주적이고 역사 전체적인 어떤 필연성의 표출로 이해할 수 있고 입증할 수 있기도 하다.

헤르더는 《인류의 역사철학에 대한 이념》에서 직관적 힘으로, 문화와 종교들 안에서 펼쳐지는 신적 세계 로고스의 충만함을 하나의 프레스코화로 그려 낸다. 이 안에서 그리스도교적인 것 역시 영예의 자리를 차지한다. 레싱은 《현자 나탄》에서 진정한 반지에 대한 물음을 모든 종파적 형태 안에서 이루어지는 윤리적이고 종교적인 것의 '기적적인 실행'보다 낮은 단계에 배열한다. 그리고 《인류의 교육Die Erziehung des Menschengeschlechts》에서는 '발전'을 실마리 삼아 종교적 형태들을 열거한다. 이때 계시는 인류의 종교적인 내적 차원들의 껍질이 벗겨지는 것이다. 계시가 "인간에게 주는 것 가운데 인간 자체로부터 유래하지 않는 것이란 아무것도 없으니 …… 다만 더 빠르고 더 수월하게 줄 수 있을 뿐"[8]이다.

두 동기들, 곧 종교와 문화들 안에서 일어나는 신적 정신에 대한 우주적 상징화와 신화적이고 상징적인 형태들의 역사 전반의 발전은 낭만주의와 관념론에서 승리를 구가한다. 셸링의 후기 철학은, 헤겔을 넘어 이 동기들을 최종적으로 그리스도교적 전조 아래 종합한다. 자신의 "신화와 계시의 철학*Philosophie der Mythologie und Offenbarung*"으로부터 눈길을 에우세비우스의 《복음의 준비*Praeparatio evangelica*》와 아우구스티누스의 《참된 종교》로, 그리고 쿠자누스가 말한 로고스 앞에서의 천상 공의회로 돌리는 것이다. 같은 시대에 드라이는 《호교학*Die Apologetik als wissenshaftliche Nachweisung der Göttlichkeit des Christentums in seiner Erscheinung*》을 저술하는데, 여기서 그리스도교적인 것의 실증적 "발현"이 다시 한번 "계시 현상 일반"의 최종적 완성 단계로 설명된다. 절대적인 것으로부터 계시를 수신하는 것은 인간 정신의 본질에 속하기 때문이다(이 점에서 모든 역사는 원原계시 안에 근거를 둔다). 그러면서 유기적 존재로서의 인간 본성은 신화적이고 상징적인 형태 안에서 계시를 역사적 '전통'으로 받아들인다. 영의 주입Inspiration(예언)과 기적들은 '그리스도를 통한 계시의 완성'을 증명하는 데 기여한다. 낭만주의적 가톨릭 신학의 붕괴 이후에 신스콜라주의의 도래와 더불어 본성과 은총 사이에 철저한 구분이 가해진다(셰벤). 그리하여 신앙의 근거를 모색하는 옛 방법에서 전체적으로 아무것도 남지 않는다. 곧 (적어도 큰 비중에서는 '자연적'이라고 여겼던) 우주적이고 역사적인 맥락은 그리스도교의 초자연성을 더 이상 뒷받침할 수 없게 되고, 헤겔과 셸링이 보여 주었던 역사적 역동성은 자연의 질서와 은총의 질서 사이를 결코 매개할 수 없게 되는 것이다. 그리하여 그저 예언과 기적들에 대한 외적인 지시들만이 남는다. 반면에 신비들 사이의 연관성에 대한 내적 '이해'는 그리스도교 신앙의 문제로 축소된다.

2장

인간학적 환원

HANS URS VON
BALTHASAR

PREVIEW 그리스도교 신앙의 요구를 해명하는 두 번째 길은 인간을 중심으로 하는 것이다. 물론 그리스도교에서 인간은 처음부터 하느님의 대화 상대로서 그리스도 안에서 이미 구원받은 품위를 지닌 존재였다. 그러나 이 '인간학적 환원'은 특히 근대와 계몽주의 이래로 "인간에게 다가오는 계시를 이성의 척도로 측정하는 것"을 전면에 내세운다. 그리고 이 길은 칸트에게서 정점에 도달하고 "근대의 모든 길이 교차"한다. "루터에게서 칼 바르트로 넘어가는 이행 과정"이 지나가고, "관념론의 추상 원리들을 과감하게 구체화하는" 시도들이 갈라져 나간다.

그러나 신학의 오랜 전통이 은총을 통한 인간의 변모를 그리스도인 삶의 목표로 제시한다 해도, 그리스도교가 "계시 진리의 척도를 경건한 인간 주체의 중심에 둔 적은 결코 없다"고 발타사르는 말한다. 물론 근대의 인간학적 환원 가운데 일종의 비주류로서, "주체적으로 환원될 수 없는 하느님의 말씀을 엿들을 가능성"을 탐구한 하만이나 키르케고르는 높이 평가할 만하다. 그럼에도 신앙의 요구를 해명하기 위한 이 두 번째 길 역시 하느님의 계시를 최종적으로 근거 지을 수 없다. 계시를 통해 하느님께서 말씀하시는 텍스트는 하느님만이 해석해 주실 수 있고, 그 안에 "인간이 세계와 자신에 대하여, 또 하느님에 대하여 스스로 자신에게서 이끌어 낼 수 있는 것은" 없기 때문이다. 결국 우주론적 환원과 인간학적 환원에서 하느님의 말씀은 철학적 이성이나 인간 실존 속으로 해체되고 만다.

　　　　　　　　　　🖊

　우주론적 환원과 더불어 이미 또 하나의 다른 접근 방법이 길을 내고 있었으니, 해명과 입증의 장소가 우주에서 인간으로 옮겨 간다. 우주는 계속하여 탈신화되면서,

더 이상 그리스도교적인 것에 경쟁자가 아니었고, 인간이 세계의 총화로 자리 잡는다. 인간은 세계와 신 사이의 경계라는 고대와 교부 시대의 표상이 르네상스에서 부흥하여 인간의 품격을 수없이 찬양하게 된 것이다. 인간은 하느님의 파트너이며, 둘 사이의 대화는 하느님께서 몸소 사람이 되시는 데서 정점에 이른다. 인간은 소우주에 그치지 않는다. 당시 신흥 자연 과학에서 볼 때, 인간은 수많은 우주상들의 입안자요 동시에 자신의 이성에서 그러한 우주상들을 초월한다. 계몽주의의 종결자인 칸트는 인간을 그러한 존재로 묘사한다. 그러나 그에 앞서 일찍이 인간 본성을 측정하기 시작한 것은 그리스도교였다. 그리고 다른 모든 시도를 훨씬 능가하며 탁월하게 이를 수행한 이가 파스칼이었다. 그에게 인간은 이성적으로 해명될 수 없는 괴물 같은 혼종이었다. 위대함과 비참함을 집어삼킨 변증辨證의 혼돈과 해소되지 않는 불균형이 질서를 찾기 위해서는 거울이, 곧 하느님이며 인간이신 분이 필요하다. 여기에 바로 실존적 호교학 또는 **내재적 방법**의 출발점이 놓여 있다.

세계상에 대한 계몽과 종파적 투쟁은 둘 다 결국 순전히 인간적 종교이자 윤리에 중점을 둔 종교로 단순한 이행을 가져온다. 이러한 종교를 토대로 볼 때 그리스도교적인 것은, 인간적 종교와 윤리적 종교가 우주적이고 인간적인 권위를 내세우면서 내적으로도 우주적 형태를 가질 수밖에 없는 경우보다 해석하기가 좀 더 수월해진다. 스피노자(《신학정치론》)를 시작으로 멘델스존을 거쳐 베르그송(《도덕과 종교의 두 원천》)에 이르면서 자유주의적 유다교는 모든 국가주의적 편협함을 부수어 버리는 이 인류 종교를 지지했다. 존 로크는 《그리스도교의 합리성 *The Reasonableness of Christianity*》에서 **인간학적 신 존재 증명**을 도입하는데(영은 오로지 영에서만 그 근원을 가질 수 있다), 그에게서 시작된 길은 존 톨런드의 《신비적이 아닌 그리스도교 *Christianity Not Mysterious*》와 매튜 틴달의 《창조만큼 오래된 그리스도교 *Christianity as Old as the Creation*》로 이어진다.

존 로크에 따르면, 인간에게 다가오는 계시를 이성의 척도로 측정하는 것이야말로 인간의 의무다. 존 톨런드에게는 이방 민족적인, 곧 성사적이고 교의적이며 사변적인 신비의 영역으로 넘어간 원시 그리스도교의 치장을 벗기고 단순하고 인간 보편적인 예수의 선포를 찾아내는 것이 중요하다. 매튜 틴달에 따르면, 아우구스티누스의 《아벨로부터 이어 오는 하느님 왕국 *Civitas Dei ab Abel*》을 단호하게 세속화하여 하느님의 영광과 인간의 선익을 목적으로 하는 하나의 자연 종교로 전환하는 것이 중요하다. 그러한 종교에서는 사제들에게 아주 사소한 것조차 바꿀 수 있는 권위나 권한은 부여되지 않는다. 이러한 형태, 또는 이와 비슷한 형태의 종교에서는 그리스도가 순전한 진리의 교사이거나 순전한 삶의 모범이시다. 그러나 여기서 **그리스도의 수난을 대리한다**는 생각이나 그러한 바탕 위에서 성립하는 죄인들의 의화라는 바오로 사상은 모순적이고 실현 불가능하다. (이는 토마스 처브의 《주장된 예수 그리스도의 참된 복음 *The True Gospel Of Jesus Christ Asserted*》에서 명확히 드러난다.) 비로소 슐라이어마허가 불가능한 것을 시도한다. 곧 루터가 해석한 바오로를 인간 중심의 신학 안으로 다시 이끌어 들인다.

칸트에게서 인간학적 환원이 정점에 도달한다. 그가 엄밀한 의미에서 인간이 알 수 있는 모든 것을 감각적 직관과 개념의 종합에만 한정하면서, 이를 초과하여 **순수 이성** 안에 놓여 있는 모든 **이념**을 윤리적 행동의 가능성을 위한 **실천적** 조건들로 본다는 점에서 그렇다. 행동하는 나는 하나의 보편적(가톨릭적) 규범이 지닌 범주적 효력이 전제하는 것과 다르게 행동할 수 있음을 안다. 그럴 때 이 규범은 경험적 주체인 나를 전적으로 초월하면서 자유, 불멸, 신성과 같은 이념을 자신 안에 포용한다. 여기서 인간 본성의 불가해한 심연이 열리는데, 칸트는 이 심연 앞에 깜짝 놀란 채로 서 있다. 그리고 그가 더 깊이 들여다볼수록 이 심연은 그에게 더욱 파악할 수 없는 것이 된다. "곧 우리 안에는 우리가 그것을 한 번 파악하기만 하면 결코 경탄을 멈출 수 없는 무엇인가가 있다. 이것은 **인류**가 이념 안에서 하나의 품위로까지 격상시킨 것이기도 한데, 이 품위가 경험의 대상인 **인간**에게 있다고 추정해서는 안 된다. …… 우리가 아주 쉽고 분명하게 이해하는 바를 우리는 **할 수** 있고 또 **해야만** 한다는 것이야말로 **초감각적 인간**의 우월성이다. 이 우월성은 우리 안에서 **감각적 인간**을 넘어선다. (서로 경쟁이 붙는다면) 감각적 인간은 자기 눈에는 자신이 아무리 **모든 것**일지라도 초감각적 인간에 견주어 **아무것도** 아니다. 인류에게서 떼어 낼 수 없는 이 도덕적 소질이 최고 경탄의 대상이다. (꾸며 내지 않은) 이 진정한 이상Ideal을 거듭하여 오래 들여다볼수록, 그저 계속하여 경탄이 나올 따름이다. 그리하여 이 이상이 지닌 불가해성에 의해, 곧 우리 안의 이 **초감각적인 것**에 의해 미혹에 빠진 이들에게는 잘못이 없다. 그것이 실제적이기 때문이다. 이는 초자연적인 것이며, 결코 우리 능력 안에 있지도 않고 우리 자신에게도 속하지 않는 것으로서, 이와는 다른 더 높은 정신의 영향이라고 여겨야 하는 것이다. 물론 이 점에서 그들은 크나큰 잘못을 범한다." 칸트에게는 여기가 "새 인간에 대한 문제를 풀 수 있는" 지점이다. "성경 자체도 이와 다르게 보지 않았으니" 이것이 바로 "신앙에 관한 성경의 가르침이고, 마찬가지로 우리는 이 가르침을 이성의 도움을 받아 우리 자신 안으로부터 개발해 낼 수"[9] 있다. 칸트는 이를 **순수한 종교적 신앙**이라 일컫는다.

여기서 근대의 모든 길이 교차한다. 먼저 여기에 루터에게서 칼 바르트로 넘어가는 이행 과정이 놓여 있다. 루터가 신앙에 자리를 마련해 주기 위해 (아리스토텔레스적) 이성을 옆으로 밀어 놓았다는 점에서 그렇다. 그사이에 이 이성은 데카르트적 형상을 취했고, 세계를 구축하는 과학적 이성이 되었다. 이성의 이 프로메테우스적 기능은 칸트에게서 비판적으로 한정되어 인간이 마음대로 할 수 있는 기능이 된다. 종교와 아무 상관 없는 기능이 되는 것이다. 그리하여 젊은 칼 바르트에게 그것은 **우상의 공장**

이요 진정한 신앙의 적수가 될 것이었다. 게다가 칸트가 인류라는 이념과 경험적 인간, 이 둘 사이에 경외할 만한 간격을 설정하고 이를 계발의 공간으로 도덕에 부여한다 해도, 이 역시 결국은 인간의 가능성 가운데 하나다. 그것이 실천적이고 실존적인 가능성일지라도 말이다. 그리스도교 신앙이 이 두 기능 가운데 하나로 귀결되지 않아야 한다면, 그러기 위해서는 그리스도교 신앙이 이론적 철학은 물론 실천적 철학 너머에 놓여야 한다.

그러나 그것이 어떻게 가능한가? 다시 말해, 칸트는 도덕적 주체가 지닌 차원을 지적한 바 있다. 이 차원이 주체성의 무한하고 절대적인 특성을 가리키는 것이고, 이 공간 안에서 유한한 주체성과 무한한 주체성 사이에 종교적 긴장이 발생하는 것이라면, 어떻게 그것이 가능하겠는가? 말하자면 이런 반문이 제기된다. 곧 절대적 주체란 누구를 가리키는가? 인간의 초월론적 구조를 가리키는가? 그렇다면 피히테에 맞선 무신론의 호소는 정당할 뿐만 아니라, 포이어바흐가 칸트의 유일한 논리적 후계자이지 않겠는가? 포이어바흐가 인간과 인류 사이의 긴장을 **신적인 것**으로 상정한다는 점에서 말이다.

여기서 벗어나기 위해 젊은 슐라이어마허는 이론 이성과 실천 이성, 곧 '형이상학과 도덕' 너머에서 주체가 가진 제3의 능력을 모색한다. 그는 이론 이성과 실천 이성을 프로메테우스적 인간이 자기 마음대로 할 수 있는 기능들로 보고 칸트의 심판정에 맡긴다. 그런 다음 먼저 이 제3의 능력을 (생각과 행동에 견주어) '직관과 감정'이라 일컫는다.[10] "모든 직관은 직관된 대상의 영향으로부터 직관하는 주체로 이행한다." 그러나 이 자극은 총체성에 대한 감성적 파악이고 경험이다. 그러므로 여기서 두 요소가 "이미지"와 "감정" 속으로 해체되기 이전, 두 요소의 가장 근원적이고 형언할 수 없는 일치가 핵심이다.[11] 그리하여 그는 《그리스도교 신앙》에서 첫 번째 신앙 정식을 **절대적 종속성**이라는 두 번째 정식으로 대체한다. 그에게는 이 종속성이 그렇게 되어 있는 상태의 원초적 체험이다. 그러나 이 또한 "앎도 아니요 행위도 아니다. 감정 또는 직접적 자기의식의 특정 상태"¹²다. 여기에 의심할 바 없이 역사적 재수용이 일어났다고 볼 수 있다. 곧 칸트가 이해한 토마스(와 아리스토텔레스)를 제쳐 두고, 유한한 주체가 무한하고 총체적인 선에 의해 직접적으로 '조명illuminatio'된다는 아우구스티누스적이고 플라톤적인 생각으로 복귀한 것이다. 이로써 종교적 주체는 순전한 수동성(신성 체험의 황홀경 παθεῖν τὰ θεῖα)으로 표기되고, 이는 마침내 모든 형이상학과 도덕에 대한 루터적이고 칸트적인(바르트적인) 포기를 통해 극단화된다.

그럼에도 최고로 특정화된 상태에서의 이 원초적 경험을 경건한 감정의 열정적 상태라고 주장한다는 점에서, 이 경험은 여전히 인간의 '소질'이라고 할 수 있다.¹³ 이 소질은 철학적 사유를 통해 접근할 수 있다. 곧 슐라이어마허의 《변증법Dialektik》에서 보듯, 무한한 것에 대한 사유가 지닌 내적 한계성과 양극성을 드러내고, 그리하여 마음대로 할 수 없는 것이자 무한한 것에 대한 종속성을 밝힘으로써 그러하다. 또한 경건한 그리스도교적 감정의 역사적 현전성現前性에 대한 자기 분석과 그러한 감정의 조건들에 대한 탐구를 통해 **나자렛 예수**에게서 나오는 자극에 의해 이미 영향을 받고 있다는 사실을 발견해 낼 수 있고, 그럼으로써 앞서 말한 인간의 소질에 대한 철학적 접근이 가능하다. 그리하여 그러한 자극으로부터 출발해 경건한 주체성은 죄의식 안에 잠긴 자기 파멸 상태에서 벗어나 우주(하느님)와 화해하고 안정을 찾는다. 모든 것은 결국 슐라이어마허가 자신의 교의학에서 그리스도론을 구원에 대한 경건한 의식 하부에 그 가능성의 조건으로 배열한다는 사실에서 결판난다. 곧 이 경건한 의식 둘레를 도는 한에서만 교의적 진술들은 그 자체로 학문적이다.

그리스도에게 역사적으로 자극을 받았다면 어쨌거나, '순전히 경험적으로' (그리고 이로써 교의적으로 아무 의미 없는 채로) 남지 않기 위해서는 그 사실을 정신의 내적 역사성(셸링)이라는 범주를 토대로 해석해야 할 수도 있을 것이다. 물론 그 종착점은 기껏해야 (신화 안에서) 절대정신이 자신을 상징적으로 드러내는 발전 사슬의 완결 지점(계시)이다. 그러나 (드라이가 여기서 자신의 해결책을 찾아냈던 것에 비해) 슐라이어마허는 이 길로 들어서려고 하지 않는다.

루터적 경건주의에서 유래하는 슐라이어마허의 접근 체계는 19세기와 20세기 동안 생각해 낼 수 있는 모든 정통주의와 자유주의의 변형들 안에서 두루 영향을 미쳤고, 마지막으로는 불트만에게서 발화했다. 슐라이어마허가 감정이라고 부르던 것을 불트만은 실존이라고 불렀다. 전자에게서는 파멸의 죄의식이었던 것이 후자에게서는 세상에 부딪히고 근심과 걱정에 붙잡힌 타락한 실존이었다. 전자에게서는 화해의 의식意識이었던 것이 후자에게서는 (플라톤적이고 칸트적이든, 요한적이든) '탈세계화Entweltlichung'였다. 그리고 불트만은 또다시 실존 차원에서 일어나는 과정과 역사Historie를 통해 우리에게 당도하는 저 선포(케리그마, Kerygma)를 인과적 맥락으로 연결시킨다. 나자렛 예수의 구원하시는 죽음에 대한 선포 말이다. 힘은 케리그

마에 있다. 케리그마 뒤편에서 역사적이고 실제적으로 무엇이 당도했든, 그것은 결국 그대로 남아 있을 수밖에 없다. (그것이 최종적으로는 슐라이어마허의 교의학에서도 불필요한 것으로 남았던 것과 마찬가지다.[14]) 역사적으로는 **눈에 보이는 것**이 아무것도 없다. 단지 선포의 말씀 안에 담긴 신앙을 파악하는 것만이 중요하다. 매번 우리를 사로잡았던 그 신앙 말이다. 시금석으로서의 신앙의 척도는 여기서도 인간의 실존으로 머문다. 이 실존의 부활에서 결정적이고 유일무이한 기적이, 레싱의 말에 따르면 다른 모든 것을 필요 없게 하는 기적이 일어난다. "이해할 수 없는 것들을 납득시켜야 하는 이만이 기적을 행할 필요가 있다. 이해할 수 없는 하나를 이해할 수 없는 다른 하나를 통해 더욱 그럴듯하게 하기 위해서 말이다. 그러나 누구나 스스로 그에 대한 시금석을 가질 수 있는 교리가 아니라면 아예 그 무엇도 가르치지 않는 이에게는 기적이 필요하지 않다."[15]

가톨릭 신학 역시 결국은 이 근대화된 시금석을 이용해야 한다고 믿었고, 20세기로 넘어가는 즈음에 이른바 근대주의라는 깃발 아래 이를 감행했다. 이 근대주의의 핵심 논리는 간단히 말하면, 교의의 객관적 진술은 종교적 주체에게 미치는 그 난이도와 유익성, 보완하고 확충하는 기능 면에서 측정되어야 한다는 것이다. 물론 이는 온갖 크고 작은 죽음과 회심을 통해 주체가 완성에 이르는 과정 안에서 이루어질 수밖에 없다. 그러한 죽음과 회심은 더 큰 진리가 주체에게 요구하는 바다. 주체가 교의적 진술을 자기 것으로 체화할 수 있도록 말이다. 또한 여기서 주체성은 당연히 신 앞에서 절대적 종속성 안에 놓인 순전한 필요성이라고 이해할 수 있다. 그러나 신이 은총들 안에서 주체성에게 언제나 계시하는 바는, 주체성이 이 계시에 동화하여 이를 통해 성장할 수 있도록 주어지고 또 그렇게 말해져야 한다는 것이다. 그럼에도 근대주의자들에게 제기된 핵심 반론, 곧 계시의 표현 형식들이 종교적 주체성의 역사적 변화에 따라 더불어 변동할 수밖에 없다는 주장은 계시의 척도를 무엇보다 인간학적으로 규정하는 방법에 비해 객관적으로 중요성이 떨어진다.

    주체의 **역동주의**는 우선적으로 역사적 형태로 또는 경건하고 내적인 형태로 촉발될 수 있다. 아니면 모든 것을 규정하는 철학적 체계로 나타날 수도 있다. 이런 철학적 체계는 인간을 유한한 정신으로 해석한다. 예를 들면 모리스 블롱델과 조제프 마레샬이 그러한 해석을 한다. 이들에 따르면, 근대주의적 사고는 결국 계시를 인간학적으로 근거 짓는 것으로 귀결되어서는 안 된다. 이를 블롱델에게서 볼 수 있는데, 추상 개념이 철학의 실행적 기층Substrat으로 머문다는 점에서 그렇다(그 의지, 그 행동). 그러한 추상 개념은 독일 관념론에서도 있었다(헤겔의 그 정신, 쇼펜하우어의 그 의지, 셸링의 그 지성적 직관). 나아가 블롱델의 그 추상 개념은 멈추지 않는 변증법 안에서 모든 유한한 목적들을 초월하는 가운데 마침내 (신의) 절대성의 경계에 부딪히는데, 이 절대성은 인간으로 하여금 전적인 선택의 자기 초월 속으로 넘어가 자신을 성취하도록 강요한다.[16]

마레샬도 비슷하다. 그는 존재자 편의 모든 유한한 정립은 결코 충만한 존재 정립에 이를 수 없으니, 이 과정에는 그 존재자의 수용 능력에 상응하는 무한한 신적 '요구'를 앞질러 지성의 역동주의가 늘 먼저 놓여 있기 때문이라고 한다.[17]

근대주의와 역동주의의 길에는 의심할 바 없이 그리스도교의 위대한 과거 역사가 있다. 곧 계시 안에서 자비로이 당신 피조물에게 마음을 기울이시는 하느님께서는 그 피조물을 외부에서가 아니라 가장 깊은 내부에서 붙잡으시고 충만하게 하시기를 바라신다는 것이다. 당신 아드님 안에서의 역사적 계시는 인간 주체의 변모와 동화를, 그리고 인간 정신 안에서의 성령의 계시를 목표로 한다. 우리를 자녀 되게 하는 자유의 성령 말이다. 이미 교부들은 그리스도와 함께 성령 안에서 함께 죽고 함께 부활함으로써 주체적으로 새롭게 되지 않는다면 모든 객관적 구원은 아무 소용이 없음을 강조했다. 이 진리는 중세(베르나르도,

에크하르트 등등)와 바로크 시대에 끊임없이 반복된다.

> 그리스도가 천 번이고 베들레헴에서 태어나신다 해도
> 네 안에서가 아니라면,
> 너는 영원히 잃어버린 채로 남으리니……
> 골고타 십자가가 너를 악에서 구할 수 없으리라,
> 네 안에서 그 십자가가 세워지지 않는다면.[18]

그리스도인 안에 새겨진 그리스도의 낙인에 대해서는 바오로 사도가 이야기한 바 있다. 이후에 영성 저술가들이 **거룩한 그리스도인을 제2의 그리스도**alter Christus(프란치스코)로 생각함으로써 위험한 경계까지, 그 너머까지 밀고 나가기도 했다. 다른 한편 (정신의 존재 역량은 유한한 것 안에서는 채워지지 않는다는 면에서) 필요의 충족을 근거로 삼는 신 존재 증명 역시 그리스도교 안에서 긴 역사를 갖는데, 이는 전반적으로 토마스 아퀴나스에게로 수렴된다고 할 수 있다.[19] 그럼에도 그리스도교 전통이 진지하게, 계시 진리의 척도를 경건한 인간 주체의 중심에 둔 적은 결코 없다. 은총의 심연을 필요성이나 죄의 심연에서 측정한다거나, 교의 내용을 인간에게 미치는 유익한 영향력에 따라 평가한 적도 없다. 성령께서는 자신을 계시하지 않으신다. 사람이 되신 성자 안에서 성부를 계시하신다. 성자께서는 결코 인간 정신 안에서, 아울러 성령 안에서 흡수되어 사라지지 않으신다.

칸트에게서 엇갈리는 커다란 교차로에서 또 하나의 마지막 길이 뻗어 나온다. 이 길 위에서 그 이후로 우리가 진지하게 고려해야 하는 이들이 만난다. 관념론의 추상 원리들을 과감하게 구체화하는 이들이다. 경험상의 인간과 관념상의 인류 사이에 놓인 거리와 격차가 그처럼 큰 이유는 각각의 인간이 인류는 아니기 때문은 아닐까? 개별 인간을 인류로 보기 위해서는 적어도 개인이 **다른 개인**을 만나야만 하기 때문은 아닐까? 이를 간결하게 설파한 이가 포이어바흐였다. 인간은 다만 공존재共存在로 존재할 뿐이다. 곧 나와 너 사이에 마주하는 상대를 통해서만 실제로 존재한다. 타자의 타자성과 그 존재는, 인간 본성의 공동성 안에서 조화와 공동성을 걸러 내야 한다면 반드시 인정해야 하는 근본 사실이다. 물론 포이어바흐는 또다시 인간 본성을 너무 빨리 **우리 안의 영원한 것**과 동일시한다. (이 타자성을 몽상으로 치부하여 거부하기 위한 것이긴 하지만) 그는 심지어 타자의 이 타자성을 토대로 라테라노 공의회의 옛 유비 개념을 알아볼 줄도 안다. 곧 "창조주와 피조물 사이의 유사성을 아무리 크게 생각하더라도, 그 사이의 비유사성이 여전히 더욱 크다고 생각하지 않으면 안 되는 것"[20]이다. 포이어바흐에 따르면, **실제** 인간으로부터 출발해야 하고, 실제 인간만이 본성 전체의 열쇠일 뿐만 아니라, 철학의 유일한 대상이다. 철학은 인간학 외에 다른 것이 아니다.[21] 그러므로 이렇게 말할 수 있다. "새로운 철학은 사랑의 진리 위에 기초하니 …… 사랑이 없는 곳에는 진리도 없다."[22] 타자를 **타자로서** 사랑함으로써만, 나의 영역에서 온전히 너의 영역으로 넘어감으로써만 인간은 인간에게서 인류로 가는 길에 들어선다.

  이 지점에서 마르크스가 떨어져 나간다. 여기서 20세기의 인격주의자들과 (그리스도교든 비그리스도교든) 종교적 사회주의자들 역시 떨어져 나간다. 페르디난트 에브너, 마르틴 부버, 레온하르트 라가츠다.[23] 이들에 따르면, 인간은 만남을 통해 자신을 존속하고, 실로 그럼으로써만 비로소 자기 자신을 대면한다. 눈과 눈을 마주하는 사건 안에서 진리가 발생하고, 자유롭게, 자발적으로, 은총인 듯 인간 존재의 깊이가 드러난다. 이 깊이는 매우 깊어서 포이어바흐와 그 이후에 셸러가 이를 신적인 것과 동일시했다. 그리하여 인간학은 여기서 추상적이고 변증법적인 사고에서 구체적이고 대화적인 사고로 넘어간다. 이제 원리들이 서로에게 스며들어 뒤집히는 게 아니라, 타자를 그의 타자성 안에서 만나는 것이 관건이다(성별의 차이가 여기서 타자성의 전형으로 대두된다). 그리고 서로 낯선 존재들의 거친 충돌과 서로에 대한 인내가 물리적 힘이나 정신적 힘에 의한 압도적인 자기 관철 대신에, 서로 만나는 그 둘을 그들의 유한성을 능가하는 진리 속으로 들어서도록 강압한다.

그 밖에도 인간학적 환원의 결말에는 늘 인간이 있다. 이 인간은 스스로 자신을 이해하고 이 이해 속에서 아울러 세계와 신을 자기 손에 쥐었다. 말하자면 우주론적 연관성이 인간의 종교적 함유량을 박탈하는 것으로 드러나면 드러날수록 더욱 그러하다. 반면에 여기서 어떤 암시처럼 드러나는 것은, 완전 타자인 신이 인간을 만나기를 원한다고 할 때, 신의 현현 장소는 그때마다 매번 타자인 인간일 수밖에 없다는 점이다. 이 인간은 '가장 가까이에 있는 이'지만 동시에 언제나 '가장 멀리 있는 이'기도 하다. 내가 타자인 '그를 넘어', 아울러 '그에 대해' 그리고 '그를 통하여' 많은 것을 경험하고 알 수 있겠지만, 그 자신을 그의 유일회성 안에서 경험하거나 아는 것은 결코 아니기 때문이다. 인간 자신의 정신에 매번 더 깊이 내재하는 '영'으로서만 하느님이 오신다면, 그분이 당신의 본질적 타자성 안에서 당신을 드러내셨다고는 결코 할 수 없을 것이다. 하느님께서 '영'으로 오실 때, 그분은 오로지 당신의 이 타자성을, 그러니까 위와 밖, 타자로부터 오는 당신 '말씀'을 확증하고 빛나게 하고 친밀하게 하기 위해 오신다.

이는 그저 하나의 암시일 뿐, 계시의 가능성이 지닌 조건들로부터 연역한 게 아니다. 그러한 암시는 서로 다른 두 사람의 만남이 언제나 동일한 **본성** 내에서 이루어진다는 점을 고려하면 곧바로 극복된다. 이 본성을 인격의 본질과 존재에서 제외할 수 없기 때문이다. 이 점에서 인격론이 아니라 심리학이나 정신학 같은 것이 존재하는 것이다. 그리고 사랑 안에서의 상호 계시와 본성에 부합하는 개연성 있는 이해가 서로 공존한다. 그러나 바로 이 때문에 인간학적 환원의 이 최종적 함의 역시 계시 이해를 위한 출발점일 수 없다. 대화주의를 토대로 해서도 그리스도교 계시를 범주적으로 꿰맞출 수는 없다.[24] 사람들 사이에는 공통 언어라는 매개가 있다. 공통 언어의 형성에 아무리 각자가 창조적으로 나름의 역할을 해도 그렇다. 하느님과 인간 사이에는 하느님의 말씀만이 언어로 존재할 수 있다. 하느님께서는 당신 말씀 안에서 인간에게 당신 자신을 이해시키시고, 그렇게 말씀하시는 가운데 인간에게 당신 말씀을 해석해 주는 것을 기뻐하시기 때문이다.[25]

근대의 인간학적 환원의 변두리에는 주체성의 원칙 내에 머무르면서도, 주체적으로 환원될 수 없는 하느님의 말씀을 엿들을 가능성을 명확히 하는 데에 모든 노력을 기울인 몇몇 유형이 있다. 곧 계몽의 이성중심주의에 맞선 하만이 그 하나다. 이상하게도 아주 방만해 보이긴 하지만 그의 근본적인 의도는 영원히 헤아릴 수 없이 자신을 낮추는 하느님의 사랑이 지닌 종의 형상이 가시적으로 드러나는 공간을 찾아내는 데 모든 노력을 기울이는 것에 있었다. 특히 쇠렌 키르케고르는 대화의 원리에서 출발하여(그는 익명으로 스스로와 마주해 이야기하고, 독백으로 레기네 올센과 이야기하는 가운데 그녀에게 자신을 설명하고, 마지막으로는 홀로 하느님과만 이야기한다) "자신의 모든 주체성을 다해 제스처로 말"한다. 다시 말해, 자신의 주체성을 하나의 순전한 표징으로 형상화한다. 그리하여 그는 자기 밖에서, 자기를 넘어, 하느님의 절대적 표징을 그리스도의 절대적 모순 안에서 감지해 낸다. 어쩌면 이는 그에게서도 "주체성이 곧 진리"라는 의미일 수 있다. 달리 말해, 정통주의적이고 헤겔 사유적인 객관성보다는 자기화하는 감지 작용에서 진리가 발생한다는 것이다. 그러나 이러한 원리의 의미는 슐라이어마허와 비교해 역전된 것이다. 슐라이어마허가 그리스도론을 '경건한 자기의식'의 기능으로 내세웠다면, 이제 키르케고르에게서 종교적 의식은 절대적 모순의 기능으로 바뀐다. 그런데 여기서 이 절대적 모순은 신앙 안에서 파악될 뿐, 결코 자기 자신으로부터 발생될 수 없는 것이다. 그것은 정확히 "천재와 사도 사이의 차이"[26]다. 만일 어느 누가 자기 주체성의 깊은 내부에 이르기까지 사도가 되는 데에, 곧 파견하는 이의 도구가 되는 데에 성공한다면, 이 주체성 안에서 저 모순을 그리스도교적 방식으로 믿을 만한 것으로 만들었을 가능성이 있다는 것이다. 하느님께서 **한** 인간이시고, **이** 한 인간이 역사 안에서 잃어버린 이라는 모순 말이다.

키르케고르 옆에 또 다른 몇몇 증인들이 출현한다. 레옹 블루아는 무사안일한 정통주의의 바리사이적 객관주의와 바리사이적 거룩함의 주관주의(위스망스 등등) 둘 모두를 거부하는 가운데 동일한 제스처로 십자가의 모순을 바라보게 했다. 도스토예프스키는 《학대받은 사람들》, 《백치》, 《카라마조프가의 형제들》에서, 조르주 루오는 머리에 피와 상처가 가득한 바보와 광대의 모습을 거듭 꿰뚫어 보여 주려는 시도를 통해 그렇게 했다.

여기가 인간학적 환원의 결말이다. 가장 진지한 형태에서든 가장 극적인 대화주의적 형태나 가장 극적인 실존주의적 형태에서든 그렇다. 물론 키르케고르가 말한 암시되어 있음에 대해 지적함으로써 모든 게 다 끝난 것은 아니다. 하느님의 표징이 우주를 토대로도 인간을 토대로도 근거 지을 수 없는 것이라면, 도대체 그게 어디서 가능한

지 하는 물음이 제기되기 때문이다. 이 물음은 지금까지 요약하여 서술한 역사를 조금만 되돌아보아도 그리스도인의 평균적인 의식이 마주하는 것만큼 전통적이지는 않다. 하느님의 텍스트 아래 '근거로 놓여야 하는' 다른 텍스트는 없다. 그렇게 함으로써 그 텍스트를 읽을 수 있고 이해할 수 있도록, 아니 말하자면 더 잘 읽을 수 있고 더 잘 이해할 수 있도록 하기 위해서 말이다. 하느님의 텍스트는 스스로 자신을 해석해야 하고, 또 그러려고 한다. 사실이 그렇다면, 처음부터 한 가지는 분명하다. 곧 그렇게 성립하는 것 안에는 인간이 세계와 자기 자신에 대하여, 또 하느님에 대하여 스스로 자신에게서 이끌어 낼 수 있는 것은 없다는 점이다. 그것이 선험적이든 흐험적이든, 쉽든 어렵든, 이미 상존하든 역사적 진화를 통해서든 그러하다.

3장

사랑의 제3의 길

HANS URS VON BALTHASAR

PREVIEW   자신을 사랑으로 드러내는 하느님 계시의 영광은 철학이나 인간 실존 안에 그 최종적 근거가 없다. 우주론적 환원이나 인간학적 환원에는 외부주입주의나 내재주의가 막다른 출구로 남을 뿐이다. 이 진퇴양난 앞에서 발타사르는 제3의 길을 찾는데, 이는 계시의 빛이 "인간의 척도와 법칙들로 환원되지 않는 길"이어야 한다. 그리고 그는 그 출발점을 '인격적 대화주의'와 '미학적 경험'에서 찾는다. 물론 이 둘은 하나로 수렴된다.

인격적 만남에서 상대방은 내가 미리 어찌할 수 없는 타자성 안에서 나에게 다가온다. 그리하여 "나에게 선사되는 사랑을 나는 매번 기적으로만 이해할 수 있을 뿐"이다. 어디서든 아름다움을 경험할 때는 내가 도출할 수 없는 "그 무엇이 기적처럼 우리를 압도"한다. 유비적으로 이것이 자기 비허의 "하느님의 로고스가 스스로 사랑, 곧 아가페로, 그럼으로써 찬란한 영광으로 자신을 해석"하는 방식이다. 이 로고스의 근본 언어가 사랑이라는 점에서, 이 로고스는 다른 모든 종교와 철학이 말하는 지혜나 이성과는 차원이 다른 것이다. 그러므로 하느님 사랑의 신빙성은 인간이 이미 늘 사랑이라고 알고 있던 것으로의 그 어떤 비슷한 환원을 통해서도 밝혀질 수 없다. 발타사르에 따르면, 계시의 형태 안에서 자신을 드러내는 하느님 사랑의 찬란함과 장엄함은 미학적인 것으로서의 제3의 길을 통해서만 접근할 수 있을 뿐이다. 물론 "사랑의 영광을 보는 데에는" 유한한 인간 안에서 사랑의 불꽃이 촉발되어야 한다.

,

그리스도교적인 것의 참다움을 판별하는 기준은 종교철학일 수도 없고, 실존일 수도 없다. 철학 안에서 인간은 존재의 심연에 대해 자신을 근거로 알 수 있는 바를 찾아낸다. 실존에서는 자신을 근거로 살 수 있는 바를 끝까지 살아 낸다. 그러나 그리스도교적인 것이 생각이나 삶, 앎이나 행동에서 인간의 자기 이해가 지닌 츠월론적 전제 속으로 해체되어 버린다면, 그리스도교적인 핵심은 말살되었다고 할 수 있다. 그럴 때, 최신의 호교학이 가리키는 외부주입적이고 역사적인 단초가 우선은 유일한 길처럼 보인다. 이 길은 철학과 실존에 완전한 결별을 고하지 못한다. 이 길이 이차적이고 부가적으로 그 둘에게서 어느 정도는 확실한 근거 짓기를 끌어온다는 점 때문이다. 곧 신앙이 역사적 케리그마에 대한 믿음으로서 일단 성취되기만 한다면, 이 신앙은 형이상학과 윤리를 훨씬 능가하는 가운데 이 둘을 보충한다.

그럼 외부주입주의와 내재주의 사이, 이 진퇴양난(스킬라Scylla와 카리브디스Charybdis)의 길에서 다른 길을 찾을 수는 없는가? 참으로 그리스도교적인 것을 감지하는 길은 없다는 말인가? 단순한 이들haplousteroi의 **맹목적 신앙**과 안다는 이들gnostikioi의 **교만**을 피하면서, 계시에서 터져 나오는 빛을 진정한 확신성 가운데 감지하는 그런 길 말이다. 그러면서도 감지하는 인간의 척도와 법칙들로 환원되지 않는 길은 과연 없는가?

여기에 두 가지 출발점이 제시되는데, 이 둘은 결국 하나로 수렴된다. 먼저 그 하나는 마지막에 언급한 인격적 출발점이다. 그 어느 주체도 자신에게 다가오는 너라는 상대의 자유를 앎의 차원에서 압도하거나 그 행동을 미리 이끌어 내거나 이해할 가능성과 권리가 없기 때문이다. 나에게 선사되는 사랑을 나는 매번 기적으로만 이해할 수 있을 뿐이다. 경험론적으로도 초월론적으로도 나는 그 사랑을 남김없이 규명할 수 없다. 나와 너를 포괄하는 공통

- 나에 대한 다른 사람의 사랑을 내가 **이해했다**고 주장하는 그 순간에, 즉 인간 본성의 법칙들에 기초하여 그렇다고 설명하든 내 안에 놓인 근거들을 통해 그것이 정당함을 증명하든, 바로 그 순간에 이 사랑은 결정적으로 실패하고 남용된다. 그뿐만 아니라, 반론을 위한 길은 차단되고 만다. 진정한 사랑은 언제나 다 이해할 수 없고, 그러하기에 오롯이 선물이다.

의 인간 본성을 둘러싼 앎을 통해서도 그럴 수 없다. 너는 나에게 매번 타자이기 때문이다.

두 번째 출발점은 미학적인 것 안에 있다. 이는 생각, 행동과 더불어, 환원 불가능한 세 번째 영역이다. 자연에서나 예술에서나 놀라운 아름다움을 경험할 때, 다른 때는 가려져 있던 현상이 그 다름 가운데 자신을 드러낸다. 그러면서 우리에게 닥쳐오는 그 무엇이 기적처럼 우리를 압도한다. 그것은 경험하는 이에 의해 도출될 수 있는 게 결코 아니다. 그러나 그 안에는 그것이 그렇게 **기적으로서** 이해될 수 있는 특성을 간직하고 있다. 그것은 동시에 묶기도 하고 풀기도 한다. 증명할 수 없는 내적 필연성이 그 어떤 모호성도 없이 '현현顯現의 자유'(실러)로 자신을 제시하는 것과 비슷하다. 모차르트의 주피터 교향곡 피날레가 나 자신 안에 놓여 있는 그 어떤 것으로부터도 추정하거나 도출해 내거나 설명할 수 없는 **것이라면**, 그 이유는 오로지 그 피날레가 그렇기 때문이다. 그것은 그러한 형태Gestalt 안에서 자신의 필연성을 갖는다. 거기서 그 어떤 음도 바뀔 수 없고, 모차르트 자신만이 바꿀 수 있다. 이처럼 내가 발명해 낼 수 없다는 특성과 나에게 극단적으로 닥쳐오는 신빙성이 동시에 발생하는 일은 그저 무심한 아름다움의 나라에나 존재한다.

물론 세계의 모든 아름다움이 지닌 신빙성은 대상과 주체에게 공통된 세계 본성의 테두리 안에 머무르는데, 여기서 구속력 있는 역할을 하는 것은 '기분이 특정되어 있음Gestimmtheit'과 또 '그러한 상태에 있음Zuständlichkeit'이다. 그리하여 미적인 것은 앞서 인격적 사랑이 그러하듯, 기껏해야 그리스도교적인 것을 가리키는 지시로서 기여한다. 그러나 이러한 지시가 유효하다고 할 수 있는데, 인간 사이의 사랑에서 타자를 **타자로서**, 다시 말해 그의 자유 안에서 나에 의해 결코 점령될 수 없는 이로서 만나는 것과 마찬가지로, 미적인 감지의 경우에는 현현하는 형태를 자기 자신의 상상력 속으로 환원할 수 없다는 점에서 그러하다. 자신을 열어 드러내는 것에 대한 '이해'는 두 경우 모두, 압도하는 지식의 범주들 아래로 수렴되지 않는다. 호혜의 자유 안에 있는 사랑도, 목적 없음 안에서 발현하는 아름다움도, 나에게서 '이끌어 낼 수 있는' 무엇이 아니다(릴케). 최소한 주체의 '필요'에 의해서라도 그럴 수 없다. 사랑을 '필요'로 환원한다면, 이는 이기주의에 의한 사랑의 냉소적 파괴가 될 것이다. 사랑받는 현실 속의 순전한 호혜를 인정함으로써만 사랑하는 이는 그 안에서 자신이 그러한 사랑을 통해 충만해졌음을 함께 드러내도 된다. 아름다운 '광채'를 그 아래나 그 위에 놓인 그 어떤 진리 속으로 해체함으로써 그 매력을 제거해 버리면 아름다운 것은 사라지고, 이는 그 아름다움이 고유성 안에서 감지된 게 아니었다는 사실을 증명할 뿐이다.

두 출발점은 하나로 수렴된다. 이미 자연의 삶에서 에로스는 아름다움의 탁월한 장소다. 사랑받는 것은, 깊이 사랑받든 겉으로만 사랑받든, 언제나 찬란하다. 그리고 객관적으로 찬란하게 의식된 것은 바라보는 주체 안으로 침투하지 못한다. 물론 깊이 체험된 에로스든 겉으로 체험된 에로스든, 에로스의 확실성 안에서는 예외다. 하나로 이어진 양극단은 계시의 영역 안에서 초월된다. 여기서는 낮추고 비우는 가운데 하강하는 하느님의 로고스가 스스로 사랑, 곧 아가페로, 그럼으로써 찬란한 영광으로 자신을 해석한다.

요한이 그리스도를 로고스로 표기하는 것 자체는, 이 복음사가가 그리스도에게 세계 이성의 자리를 부여하려는 의도를 가지고 있음을 시사한다. 그리스 필론 철학의 세계 이성, 이를 통해 모든 것이 해명되는 이성 말이다. 그러나 결과적으로 요한 복음을 보면, 요한은 예수님의 생애를 그리스적 지혜의 차원에 투영함으로써(또는 그 반대로도)가 아니라, 살이 되신 로고스 자신의 자기 해석을 통해 보여 주려 했음을 알 수 있다. 이는 로고스가 자신을 **사랑과 호의**로, 그럼으로써 그 안에서 **영광**으로, 곧 **신적인 아름다움**으로, 그리고 바로 그렇게 **진리**로 드러냄으로써 일어난다(요한 1,14 참조). 그리하여 역사적인 것의 순수한 사실성을 필요성이라고까지 해명해 주는 이해의 명료성이 가능해지고, 그러면서도 동시에 인간 자신이 요청한 것이나 (매번 어떤 이유든) 인간 자신에 의해 고대한 것으로의 모든 환원은 불가능하게 된다.

이 로고스의 근본 언어가 사랑이 아니라면, 말하자면 하느님의 계시와 관련되기 때문에 절대적(무조건적) 사랑, 그리하여 극한의 자유로운 사랑이 아니라면, 그리스도교의 로고스는 다른 종교적 지혜론이 말하는 로고스와 동일 선상에 놓이게 될 것이다. 철학적이든 영지주의적이든 신비주의적이든, 절대적 지식의 보물들을 열고 거기에 도달함으로써 단편적 지식의 완성에 이른다고 주장하는 지혜론 말이다. 그러나 절대적인 것의 지혜 속으로 인도하는 유한한 주체의 주도적 시작은, 그것이 아무리 호의적으로 매번 체험된다 해도, 결국은 (키르케고르가 헤겔을 지적함으로써 보여 준 바와 같이) 그저 소크라테스적 산파술의 차원으로 여겨질 뿐이다. 그러나 근본 언어로서의 사랑이 **신적**

인 사랑이라면, 그 옆에 미학적 근본 언어인 **영광**이 자리할 수밖에 없다. 이 미학적 근본 언어는 하느님의 이 현현하는 사랑에 온전한 타자로서의 간격을 확보해 주고, 이 사랑과 스스로를 절대화하는 사랑(이 사랑이 아무리 인격적일지라도) 사이에 결코 그 어떤 혼동도 없도록 막는다. 이 하느님 사랑의 신빙성은 인간이 이미 늘 사랑이라고 알고 있던 것으로의 그 어떤 비슷한 환원을 통해서도 밝혀질 수 없다. 이는 오로지 사랑이 자신을 밖으로 해석하는 계시 형태 자체를 통해서만 가능하다. 그러나 이 형태는 참으로 장엄하여, 이것이 감지되는 곳에서는 명시적으로 요구할 필요도 없이 스스로 경배를 불러일으킨다.

계시의 근본 현상 자체인 절대적 사랑의 이 장엄함에 비해, 인간을 향한 모든 중개적 권위는 어딘가에서 파생하는 것이다. (기록된 '하느님 말씀'으로서의) 성경도 (생생하게 선포된 '하느님 말씀'으로서의) 케리그마도 ('하느님 말씀'의 공적 대리로서의) 교회 직무도 근원적 권위를 보유하지 못한다.

이 셋은 모두 **그저** 말씀이다. 아직은 살이 아니다. 그러므로 **말씀**으로서의 구약 역시 최종적 권위로 가는 도중에 있다. 성령 안에서 아버지를 신적인 사랑으로 해석하는 아들만이 근원적 권위를 가지신다. 유일하게 여기 계시의 근원 안에서만 권위 또는 장엄함이 사랑 자체와 일치할 수 있고 또 일치해야만 하기 때문이다. 따라서 인간이 계시에 대해 신앙의 복종으로 응답해야 한다는 모든 권위적 요구는 오로지 발현하는 하느님 사랑을 올바로 알아차리고 거기에 마땅한 평가[27]를 드리도록 이끌 수 있다. 하느님의 사랑은 참으로 압도적으로 자신을 다음과 같이 드러낼 수 있다. 곧 영광의 장엄함에 그저 엎드려 경배하도록 사랑에서 그 영광이 마지막 말씀으로 빛나고, 인간의 응답은 시야를 잃은 순전한 복종이라는 양태로 온전히 모아지는 것이다. 그러나 말씀과 응답, 이 둘은 영원한 인격이 유한한 인격에게 자신을 주는 데서만 오로지 자신의 의미를 획득한다. 이때, 유한한 인격이 무한한 인격을 향해 응답할 가능성도 함께 선사되는데, 이것이 호의와 증여이고, 그 마음과 본질은 사랑이다.

절대적 사랑이 자신을 드러내며 인간에게 다가오고, 인간을 끌어들이고, 불가해한 친밀성 속으로 인간을 초대하고 들어 높인다. 이 사랑의 장엄함에 마주하여 유한한 정신은 처음으로 하느님께서는 온전한 타자이시고, "파악할 수 없고, 세계와는 본질적으로 다르시며, 당신 안에서 당신을 통하여 지극히 복되시고, 당신 밖에 있거나 고안해 낼 수 있는 모든 것보다 형언할 수 없이 드높으신 분"(제1차 바티칸, I ss 3 c 1)이시라는 게 무슨 의미인지를 비로소 알게 된다. 사랑의 이 계시를 떠나서는 모든 부정 신학이 참으로 공허하다. 그리하여 무신론이나 불가지론, 또는 동일철학이나 동일 신비주의로 떨어질 위험이 끊임없이 상존한다.

이에 비해 계시의 모습이 하느님의 사랑을 토대로 밖으로 해석되는 것 말고는 그대로 불가해한 채로 머무르는 곳에서는, 이 하느님 사랑을 완전히 포착할 수 없는 경악할 불가해성 안에서 하느님의 전적인 타자성과 언제나 더 크신 그분의 존재가 손에 쥘 듯 **발현한다**. 피조물이 하느님 품 안으로 당겨진다는 것을 깨닫고 느끼는 바로 그 움직임 안에서 피조물이 심연에 이르기까지 경험하는 것은 자신이 하느님이 아니라는 고유의 사실이다. 그러면서 가차 없이 그리고 돌이킬 수 없이, 절대적 존재와 상대적 존재 사이, 신적 존재와 세계 존재 사이, 최우선의 관계, 곧 모든 것을 좌우하는 이 관계를 명백히 알게 된다. 하지만 유한한 존재를 뒤흔드는 이 경악이, 계시의 모습을 어떻게 읽어야 하는지를 유한한 존재가 이해했을 때, 비로소 유한한 존재를 관통할 수 있다. 곧 계시의 모습을 형식상으로 '말씀'으로 읽는 데서 그치지 않고 내용상으로 절대적 사랑으로 읽어야 하는 것이다. 그리하여 오로지 신약의 언어로[28] 말할 수밖에 없다. 여기서 사랑은 하느님의 속성들 **가운데** 동일선상에 있는 하나가 아니다. 이 점에서 인간의 응답하는 사랑도 여러 덕들 **가운데** 하나가 아니다. '사랑이 덕들의 형상caritas forma virtutum'이라는 신학적 통찰에서 직접 도출되는 결론은 '사랑이 계시의 형상 caritas forma revelationis'이라는 점이다. 그러므로 사랑을 긴장의 영역 안에서 두려움으로 보아서는 안 된다. 신약에서 두려움의 형태와 척도는 바로 경외심(효경)이다. 바로 **그렇게** 자신을 드러내는 사랑을 올바로 알아차림으로써 그러한 경외심을 불러일으키는 것이다.

참으로 제3의 길에 대해 이야기할 수밖에 없으니, 이는 근대주의에 대항하는 정통의 대안으로 제시되었던 추상적이고 교회적인 성향의 '통합주의'에서 분명하게 드러난다. 하지만 그러한 성향은 교의들의 다양성을 영성적으로 통합할 능력이 없었고, 영성적이지도 지성적이지도 않은 강제력을 통해 적들을 제압하려고 했을 뿐이다.[29] 이처럼 위력을 수단 삼아 정신을 대체하려던 시도에서 드러나는 것은 정신적 영적 차원에서의 진정한 해결책이 아직은 요원하다는 사실이었다.

제3의 길은 타협의 여지가 없다. 온전히든 아니면 결코 전혀 아니든, 그리스도교 계시의 형태를 절대적 사랑이 자신을 스스로 드러내는 영광으로 읽고 이해하는 한에서 바로 그러하다. 이 점에서 '믿음의 눈'에 대한 루슬로의 이론은 정당하다. 곧 보거나 아예 못 보거나 둘 중 하나다. 그러나 사랑의 영광을 보는 데에는 촉발시키는 특성을 지닌 초자연적 사랑이 요구된다.[30] 그리고 이는 언제나 두 가지 가능성을 허용한다. 하나는 분노의 가능성(번쩍이는 명백성을 인정하는 가운데 응답하는 헌신의 길을 내딛기를 거부하는 것)이고, 다른 하나는 결정적인 직관을 향한 더듬거리는 이성적 접근의 가능성이다. 케리그마의 노선과 복음의 노선이 보이는 방식으로 여전히 '보이지 않는' 일치점을 향해 수렴된다. 그곳은 아직은 충만하게 시도되지도 않고, 이미 주어져 있는 것으로 여겨지지도 않는 초월적 지점이다.

4장

사랑의 실패

HANS URS VON
BALTHASAR

> PREVIEW   하느님께서 당신 자신을 절대적 사랑으로 드러내신다면, 이는 그 어떤 인간 정신이나 경험으로 예측할 수 있거나 온전히 파악할 수 있는 것과는 전혀 다른 것일 수밖에 없다. 이 사랑을 인간은 그리스도 안에서 만난다. 그러면서 "사랑이 본래 무엇인지" 깨닫고, 아울러 자신이 죄인으로서 "참사랑을 지니고 있지 않음을" 동시에 경험한다. 물론 인간은 사랑에 대한 '전이해'를 소유하고 있다. 자연적으로, 어머니와의 친밀한 접촉에서 시작하여, 가족의 유대, 다양한 사회적 활동, 마지막으로는 타자의 죽음 등을 통해 사랑의 움직임과 그 의미를 포착한다. 그러나 인간의 사랑은 모두 한계

성을 지니며, 완결될 수 없는 모순으로 남는다.

발타사르에 따르면, 하느님의 계시는 일차적으로 영적 지식의 전달을 위한 교리 체계가 아니라, 하느님께서 인류와 함께하시는 삼위일체적 사랑의 드라마다. 인간을 위한 하느님의 이 행동은 세상 그 어떤 것으로도 근거 지을 수 없다는 점에서, 어리석은 짓으로 보일 수밖에 없다. 그러므로 그리스도라는 표징 안에서 드러나는 하느님의 사랑은, 온전한 타자에 의해 인간 정신 지평이 붕괴되는 충격을 불러일으킬 수밖에 없다. 이 사랑이 인간 실존의 가장 구체적인 것 안에 놓이고, 인간은 이 "이 걸림돌에 걸려 흔들림으로써" "대체 사랑이 무엇인지를 다시 배워야" 하고, 하느님 사랑의 찬란함에 눈을 돌려야 한다.

〞

하느님의 사랑을 그리스도 안에서 만나며 인간은 사랑이 본래 무엇인지를 경험한다. 그리고 이에 그치지 않고 동시에 꼼짝없이, 자신이 죄인이며 이기주의자로서 참사랑을 지니고 있지 않음을 아울러 경험한다. 이 둘을 하나로 경험하는 것이다. 곧 피조물과 관련된 사랑의 유한성과 죄스러운 뻣뻣함을 동시에 경험한다. 물론 이때도 인간은 사랑이 무엇인지 '전이해前理解'를 소유하고 있다. 만일 그렇지 않다면, 인간은 예수 그리스도라는 표징을 해석할 수 없을 것이다. 또한 객관적으로도 해결의 실마리를 찾을 수 없고, 모순에 빠지고 만다. 여기서는 하느님의 사랑이 그야말로 육신의 형태로, 인간적 사랑의 형태로 나타났기 때문이다. 그러나 인간은 철저한 전환(회심) 없이는 그러한 '전이해'로부터 이 표징을 인정하는 데까지 이르지 못한다. 여기서 전환은 이 사랑에 맞닥뜨려, 이제껏 사랑하지 않았음을 고백할 수밖에 없는 마음의 전환만을 의미하지 않는다. 이는 그 사랑 앞에서 대체 사랑이 무엇인지를 다시 배워야 하는 생각의 전환이기도 하다.

먼저 유한성을 살펴보자. 자연은 인간 아래 계층으로부터 우리를 향해 상승하면서 거역할 수 없이, 사랑이라는 실제를 살아 있는 존재의 토대 안으로 포용하는 가운데 이 사랑을 불러일으킨다. 권력 또는 행복에 대한 단순한 의지를 내세우는 그 어떤 적나라한 이론도 그러한 확실성을 반박하는 데는 별 도움을 주지 못한다. 자연 안에는 목적과는 상관없는 에로스 작용, 자식을 향한 헌신과 도움, 전체를 위한 개인의 포기와 희생이 존재한다. 이 사라져 가는 관련성이 인간 안에서는 정신적이고 초시간적인 의미성意味性의 영역으로 진입한다. 곧 시간적 에로스야말로 순간을 넘어 지속하는 삶의 충실성 안으로 들어가는 문일 수 있다. 그리하여 자식과의 관계가 자연적이고 정신적인 가족 사랑으로 깊어질 수 있고, 지속하는 종의 우월성 이전에 사라져 가는 개체의 죽음은 공동체와 부족, 민족이나 국가를 위해 각자가 자기를 희생하려는 생각의 계기가 될 수 있다. 그리고 죽음 안에서, 온 존재를 그러모아 자기 포기 속으로 응축하거나 존재 자체가 지닌 사랑의 의미를 예감하는 일이 일어날 수 있다.

그러나 이 모든 것은 이미 다 걸은 여정이 아니라 가야 하는 방향이다. 똑같이 강력한 또는 더 강력한 다른 힘들이 사랑의 움직임에 빗장을 둘러치기 때문이다. 햇볕 드는 자리를 둘러싼 끊임없는 격투, 환경과 혈족과 심지어 가족 안에 끼인 각 개인의 끔찍한 존재, 자연이 온갖 힘과 방편을 투입하는 선택 투쟁, 지나가는 시간의 법칙들과 같은 힘 말이다. 견고하게 보였던 우정은 식고, 사람들은 서로 갈라져 살고, 신념과 생각과 이에 따른 마음들까지도 서로에게 낯선 것이 되고, 공간적 거리는 쓸데없는 과잉을 낳는다. 그리고 이에 맞서 싸우기 위해서 사랑은 고집스럽게 강해야 한다. 영원하기를 바랐던 사랑의 맹세들은 깨어지니, 몰려오던 에로스의 파고는 가라앉고, 다른 사랑이 비집고 들어오기 때문이다. 사랑하는 이 안에 실패와 한계들이 도드라지고, 어쩌면 매번 더욱 심각해지니 인간의 사랑이 지닌 한계가 사랑 자체를 거슬러 말하는 것처럼 보이기 때문이다. '왜 한 여자만을 사랑해야 하지? 수많은 여자들이 사랑받을 수 있는데?'라고 돈 후안이 묻는다. 그는 어쩌면 파우스트와 같이 근원적으로 타당한 의도를 갖고 한계성의 빗장들을 향해 돌진할지 모른다.

그러나 수많은 여자 안에서 돈 후안에게 사랑 자체의 의미가 비켜난다면, 파우스트에게서는 수많은 순간에 애원했던 영원이 비켜 간다.

　가족 안에서도 사랑은 자연적으로 한계가 있다. 의심할 바 없이 사랑은 처음에 핏줄의 일치에 뿌리를 내린다. 하지만 정신이 성장하면서 핏줄의 친밀한 일치는 자유로운 독립성을 주저하게 만드는 압박이 될 수 있다. 서로를 바라보는 눈길이 과하면 상대에게 선물이 되려는 신선한 기대를 방해할 수 있고, 자라나는 이에게 필요한 자유의 공간은 나이 든 이들에 의해 허용되지 않을 수도 있다. 나이 든 이들의 지평은 시간적으로는 다른 곳에 놓인 그들의 한창때를 중심으로 닫히기 시작하기 때문이다. 그런 다음에 인간의 사랑은 어떻게든 동기를 불러일으켜 이런저런 행동을 하게 만든다. 농사, 사냥, 국가 경영, 전쟁, 집안일, 상업, 교육, 연구 등이다. 그러나 사랑은 그 모든 행동을 결코 다 완결하지도 길들이지도 못한다. 그 밖에도 인간 실존의 다른 힘들이 사랑에 대해 압도적인 권세와 권능을 가지고 있다. 알 수 없는 삶의 원동력들을 위해 피조물적 사랑을 절대화하는 가운데 인간은 니체가 보여 준 바와 같이, 생물학적으로도 문화적으로도 자기 자신을 거스른다. 현존의 평균적 영역, 곧 인간이 접촉하는 주변 환경은 기껏해야 사랑과 이해관계, 사랑과 비사랑Nichtliebe에 기반한 적당히 조율된 중간부를 유지하고 있을 뿐이다.[31]

개인의 죽음은 공동체에게는 장엄한 순간이다. 이때 공동체는 인간을 움켜쥐는 운명의 힘을 경험한다. 이 죽음을 인간은 '저항할 수 없이' 자신을 그 속으로 내던져야 할 운명으로 받아들일 수도 있다. 운명은 그 끔찍한 얼굴 속에서 어쩌면, 온전히 다 벗겨 낼 수 없는 지혜와 온유의 모습을 보여 주기도 한다. 하지만 그러한 절망과 개인적이고 인간적인 사랑이 하나로 겹치는 일은 그리스도교적 영향을 받은 사상가들이 늘 이야기했듯 인간 본성의 지평 너머에 위치한다. 죽음이 인간을 불멸의 나라로 인도할지도 모른다. 정화하는, 그러나 분명 끔찍할 수밖에 없는 심판 속으로, 어쨌거나 신적이고 영원무궁한 영역 속으로 말이다. 거기 좋은 운명이 영혼을 기다리고 있다 해도, 모든 사건을 포괄하는 전 과정을 사랑이라는 이름으로 부를 수는 없을 것이다. 이는 신들에 대한 인간적 상념들이 퇴색하고, 이후에 아울러 우주의 신화적 신성의 영광이 퇴색하면서 각 개인에 대한 섭리가 의문시되면 될수록 더욱 그러하다. 계약의 주님과 계약의 백성(이 백성에 피조물 전체도 포함된다) 사이 사랑을 현존의 핵심적 의미로 제시하는 구약 성경에서조차도 죽음과 저승은 미지의 영역으로 밀려나 있다.

마지막으로, 인간의 사랑은 한편으론 소멸하는 존재이면서도 다른 한편으론 영적인 존재가 가진 풀 수 없는 모순에 연루되어 있다. 사랑하는 이들이 최고조의 순간에 서로에게 사랑을 맹세하듯, 인간의 사랑은 죽음을 넘어 지속하는 최종성의 의미를 지닌다. 그러나 '시간이 정해진' '영원한 사랑'은 삶에서 실현될 수 없는 모순이다. 그리고 여전히, 보이는 자연 세계의 살림살이에서 그 어떤 것도 영적인 실존을 포함한 인간 존재 전체의 지속성을 결코 보장해 주지 못한다. 물론 사랑이 자유르이 떠도는 상상 불가능한 영혼이 아니라 인간 존재 전체를 마음에 품었다 해도 그렇다. 여기 이 순간이 영원해야 한다고 마음먹으면서도 또 동시에 마음먹지 않는 것, 이것이 더불어 나란히 있어서는 안 된다. 견딜 수 없는 지옥이 되지 않기 위해서라면 말이다. 그리하여 마음은 자신을 이해하지 못한다. 사랑의 드높은 순간은 매번 약속으로 충만하다. 자기 안에 폐쇄되지 않은 열린 것, 바로 이것의 생산력이 자연적으로 자식 안에서 드러나지만, 영적으로는 여전히 너울을 쓴 채로 머무른다. 인간의 사랑은 순전히 피조물적인 것으로서 읽기 어려운 상형 문자다. 인간의 사랑은 문법적으로 말해 언제나 시작을 표시하는 동사일 뿐이다. 혼자서는 충분히 결코 직설법으로 건너갈 수 없다.

이제 죄에 대해 살펴보자. 이와 관련해 죄는 다만 그리스도교적 계시 앞에서만 실제로 그 전모가 밝히 드러난다는 점을 이미 이야기한 바 있다. 십자가에 못 박히신 분을 직접 마주 보면, 우리가 줄곧 사랑이라고 부르던 것도 깊디깊은 이기주의였음이 밝혀진다. 물러설 수 없는 진지함 가운데 질문을 받는다면, 그리스도께서 사랑으로 '예'라고 말씀하시는 바로 그것에 우리는 '아니오'라고 말한다. 또한 사랑이 아닌 마음으로 '예'라고 하며 거리낌 없이, 그리스도께서 우리 죄를 짊어지신다고 말한다. 그분이 그러기를 원하신다면, 우리는 그저 괜찮다고만 한다! 그러므로 하느님께서는 죄인들을 향하여 십자가에 동의하는지 안 하는지를 묻지 않으실 것이다. 가장 끔찍한 것, 곧 내가 사랑하는 이의 죽음에 대한 '수긍'의 여부만을 물으실 것이다(루카 1,38; 요한 12,7; 20,17 참조). 그리스도인들과 유다인들과 이방인들로 이루어진 인류의 진실은 수난 사건에서 폭로된다. 현혹되지 않는 이 폭로의 견고함 안에서 "모든 입은 다물어지고" 사랑에 대해 말하는 "사람은 모두 거짓말쟁이"로 확인된다. "그리하여 의로운 이가 없다. 하나도 없다. 깨닫는 이 없고 하느님을 찾는 이 없다. 모두가 빗나가 다 함께 쓸모없이 되어 버렸다. 그들은 평화의 길

을 알지 못한다. 그들의 눈에는 하느님을 드려워하는 빛이 없다."(로마 3,4-19 참조)

그러나 이미 인간의 내면에는 실패 의식이 존재한다. 이 실패는 죄악과 속죄 사이에 균형을 잡으려는 피상적 차원에서는 끝까지 감당할 수 없는 것이다. 그렇게 해서 충분하다면, 선과 정의가 늘 거듭하여 충만하게 회복될 수 있을 것이다. 더 깊은 곳에, 마음이 마비되고 쇠진해지고 경직되었다는 의식이 자리한다. 여전히 희미하게 어른거리는 그 어떤 사랑의 규범도 그 마음을 충족시키지 못한다. 이를 위한 담대함의 힘을 자신 안에서는 찾지도 못하고, 현존이 충만하게 채워질 가능성을 믿을 엄두도 감히 내지 못한다. 이처럼 힘들이 너무나도 결핍되어 있고, 이 때문에 인간은 자기 마음이 아니라 더 높은 심급들을 고소해야 한다고 믿는다. 물론 마음은 늘 실제보다 한 걸음 더 나아갈 수도 있다. 그러나 마음이 정확히 알고 있듯, 길 전체를 끝까지 가는 법이 결코 없다. 그러한 길이

어디로 이어지는지 그 어떤 인간도 참으로 상상할 수 없기에 그럴 가능성이 더욱 없다. 구간들을 그려 보는 것은 불가능하고, 이마저도 곧바로 칠흑 같은 한밤에 사라지고 만다. 그리하여 죄는 스스로 단념한 채 자연스러운 절망에 빠져든다. 그 절망 속에서 죄는 자신을 피하여 자신에게서 숨는다. '죄와 속죄'의 집안에서는 죄가 평온을 찾을 줄을 모르기 때문이다.

실존의 한계성이 계속하여 사랑의 한계성을 정당화하는 것 같다. 우주 안의 삶 전체가 사랑을 향해 자신을 열지 않는다. 그리하여 그 테두리 안에서 사랑은 상호 공감의 섬들로 함께 모인다. 곧 에로스, 우정, 조국애의 섬들, 마지막으로는 모든 인간에게 동일한 인간 본성이나 심지어는 모든 만물에 동일한 '자연'을 토대로 한 그 어떤 보편적 사랑의 섬 말이다. '자연' 안에 공통의 '로고스'가 깃들어 있기 때문이다. 사랑하는 둘을 그러한 '사랑의 섬'으로 함께 이끄는 자연의 동일성은 여기서, 차이를 넘어설수록 그리고 그 차이 너머를 바라볼수록, 우주로 확장된다. 그리하여 (불교와 스토아주의에서처럼) 일종의 원수 사랑 역시 가능해진다. 적대자나 미워하는 원수 안에 나와 맞서 있는 바로 그것을, 자연과 본질의 공통성에 주목하며 그냥 넘겨 버릴 수 있는 것이다.

모든 차이 안에서, 그 차이를 넘어서 그러한 동일성을 실존적으로 살아 내는 방향이야말로 모든 철학적·신비적 세계 종교들이 추구하는 바다. 이 종교들은 동일성을 추상화함으로써, 달리 말해 일차적으로 이성에 부합하는 과정을 통해 유한성의 한계를 극복한다. 본질적으로 영지주의, 지혜론, 논리주의들이 여기에 해당하는데, 이들은 절대적인 것을 향해 나아간다. 물론 이 절대적인 것을 (모든 존재자 안 최종적 동일성으로서의) 존재 자체로 표기할 수도 있고, (모든 존재자의 끝인) 무無로 표기할 수도 있다. 촉발되어 발생하는 인간의 생각이 마무리 단계에서 필연적으로 빠지게 되는 그러한 논리들은 유한한 실제 사랑을 희석하는 가운데 더 높은 매개체 속으로 그 사랑을 해체해 버린다. 그리하여 사랑의 육화된 실체를 다시 탈육화하는 가운데 거기로부터 마음의 고요를 증류해 내고, 모든 유한한 장벽들 너머로 들여다보이는 연민 깊은 관대한 호의를 압축해 낸다. 이 호의야말로 절대적인 것에 가장 가까워 보이는 것, 인간 실체에서 산출되는 것이다. 그리하여 그렇게 정제된 정수精髓이자 운명을 능가하는 본질을 유한한 모든 상황에 새롭게 쏟아붓는다.

여기서 압축화로 가는 이 추상화 과정이 그러한 추상화가 가능한 한에서만 유지되는 식견이라는 사실을 간과할 수 없으리라. 곧 어떻게든 하나의 의미로만 규정될 수 있는 존재(또는 '무')를 여전히 전제하는 한에서만 그러한 추상화가 유지된다. 옛 중국과 인도, 플로티노스적 사고, 수피즘에서 바로 그런 경우를 찾을 수 있다. 그러나 이는 오늘날 추상적(압축적) 학자들의 사고 세계에서도 적지 않게 발견된다. 그리하여 그들은 위에서 말한 저 지혜론에 다시 필연적으로 매력을 느낄 수밖에 없다. 그러한 지혜론에 담긴 종교적 요인은 그것이 유신론적이든 무신론적이든 구체적인 것과는 간극이 있고, 이 간극이 우월한 행동을 하게 한다. 그러나 간극은 밑바닥까지 있는 힘을 다하는 구체적 사랑의 직접성을 불가능하게 만든다. 따라서 이 모든 종교들과 유사 종교적 태도들은 영지Gnosis의 전조 아래 하나로 모을 수 있고 본래 의미의 계시는 여기서 없어도 되거나 아니면 그저 충만한 인식을 촉진하고 용이하게 하는 매개 역할을 할 뿐이다.

이로써 읽어 낼 수 있는 바는, 참된 계시 종교인 그리스도교는 일차적이 아니라 부차적으로 지식을 매개하는 하나의 '가르침'일 수 있다는 점이다. 일차적으로는 하느님의 행동이 있을 뿐이다. 옛 계약에서 시작된, 하느님께서 인류와 함께하시는 드라마의 전개 말이다. 이 행동의 내용에 대해서는 본질적으로, 창조된 본성의 그 어떤 측면으로부터도 선험적으로 읽어 내거나 추정할 수 없다. 그 행동은 **타자로서의** 타자가 자신의 타자를 향해 측량할 길

없는 자유 안에서 행하는 것으로서, 그 어떤 유사성이나 심지어 동일성마저도 결코 이해의 임시적 가교를 만들어 낼 수 없기 때문이다. 이미 행해진 바를 이해할 수 있는 열쇠는 오로지 인간 본성의 무대 위, 사람들 앞에서 이루어지는 하느님의 자기 현현 안에만 있다. 이는 '작가'이신 하느님, 참하느님이요 참사람이신 '공연자', 이 둘 안에 동일하게 존재하시는 성령, 이 셋의 동일성에 의거한다. 여기서 성령은 행동하시는 분에 의해 이 드라마 속으로 이끌려 들어온 이들에게 이 행동을 해석해 주신다.

하느님의 계약이 죄인인 인간과 하느님이 **함께하는** 사랑싸움이기 때문이어서, 인간에 **의해** 이 사랑싸움이 이해되고 측량되는 게 아니다. 하느님의 사랑이 인간을 변모시키고, 돌아서게 하고, **뻣뻣하게** 만드는 것은 사랑의 본질이 아니라 그 작용이다. 사랑하는 이가 배우자의 사랑을 그 사랑이 자신에게 미치는 좋은 작용이나 안정을 주는 효과에 따라 측정하려 한다면, 그의 사랑은 이상한 것이다. 하느님께서 인간을 위해 행하신 것은 인간적이고 세상적이고 단편적인 것을 토대로 해서는 이해할 수도 근거 지을 수도 **없다는** 한에서만 오히려 '이해할 만한' 것이다. 그리하여 이에 걸맞게 하느님의 행동은 '어리석음'과 '미친 짓'으로 보일 수밖에 없다.

  이 미친 짓을 사변적으로 온전히 규명할 가능성이란 존재하지 않는다. 그런 경우는 사랑의 인격적 선사가 지닌 초논리적 이유 없음의 영역, 그러니까 성령의 영역이 논리Logos의 영역으로 축소되어 해석된다는 의미이기 때문이다. 모든 것을 결론짓는 우주론적이고 인간학적인 이성으로서의 논리 말이다. 이는 절대적 삼위일체의 발현인 **구원 역사적 삼위일체**를 잘못 해석하는 것이다.[32]

  이것이 인간 본연의 상황이다. 곧 인간은 정말로 진지하다면, 하느님을 세계 존재와는 전혀 다른 분으로서만 '생각할' 수 있다. 그럼에도 하느님께서 당신을 드러내시는 경우에, 그분을 다만 우주적이고 인간학적인 것의 월

등한 완성과 같은 것으로 상상하려 한다. 인간 스스로는 자기의 정신 지평을 깨뜨리는 일을 감행할 수 없고, 이는 오로지 온전한 타자에 의해서만이 가능하기 때문이다. 그런데 정신 지평의 붕괴가 실제로 일어날 경우에는 인간 위로 닥쳐오는 하느님의 행동이 인간에게는 '온전히 다른' 진리와 지혜로 보일 수밖에 없다. 이는 견뎌 낼 수 있는 첫 충격에서만이 아니라 본질적으로, 거듭 그러하다. 그리고 줄곧 이어지는 이 충격 내내, 하느님의 행동은 기껏해야 인간 존재의 파악 불가능한 성취 정도로 보인다. 그러나 인간이 이 충격을 그 자체로 느끼려면, 이 충격이 인간의 존재적 경험의 추상적 가장자리에서 일어나는 게 아니어야 한다. 거기서는 인간적인 것이 신적인 것 안으로 흘러드는 듯 보이기 때문에, 어쨌거나 인간이 그 충격을 예상할 수 있다. 오히려 그것은 인간의 바로 눈앞, 인간 실존의 가장 구체적인 것 안에서 일어날 수 있어야 한다. 인간의 앞길에 에둘러 갈 수 없는 돌이 놓인다. 인간은 격렬하게, 극도로 불쾌하게 거기에 부딪히고, 흔들린다. 그러고는 설 곳 없는 자신의 본래 존재를 확인해야 한다.

  그러나 인간 앞에 하느님께서 놓으신 이 '걸림돌scanda-lum'을 인간은 하느님의 사랑이라고 해석할 수도 있다. 걸림돌에 무작정 화를 내며 반항하지 않는 경우라면 말이다. 하느님의 사랑은 인간을 붙잡으려 하고, 구렁텅이와 사슬에서 인간을 끌어내고, 신적 사랑의 자유 속에, 그리고 아울러 이제는 인간적 사랑의 자유 속에 인간을 세운다. 이제 막 시작 단계인 '전이해'를 인간은 사랑에 대해 가지고 있으니, 인간이 절대적 사랑의 선포를 지각하고 이 선포가 가리키는 모상을 감지할 때면, 그 전이해가 인간으로 하여금 귀를 기울이게 한다. 그러나 인간이 이 걸림돌에 걸려 흔들림으로써 첫 번째로 증명되는 것은, 이 사랑이 결코 인간 자신의 사랑이 아니라는 사실이다. 자신을 내어 주는 사랑의 현존이나 본질적 특성과는 관련이 없는 사랑 말이다. 자신을 드러내는 사랑의 특별함에 눈을 돌리도록, 그리고 피조물적이며 시작 단계에 불과한 인간 사랑은 그 빛 속에서 아주 구체적으로 사랑이 아님이 폭로되도록 걸림돌이 바로 거기 있는 것이다.[33]

5장

감지될 수 있는 사랑

HANS URS VON BALTHASAR

> **PREVIEW** 하느님께서는 당신을 계시하시면서 그 계시가 사랑임을 당신 편에서 해석해 주신다. 그렇지 않으면 인간이 하느님의 계시를 알아들을 가능성은 없다. 이를 발타사르는 자신의 신학적 미학에서 '하느님 영광의 객관적 자기 해석론'으로 전개하는데, 이는 동시에 그 영광을 바라보며 그 빛을 감지하는 인간의 '주관적 지각론'이기도 하다. 하느님께서 "당신 사랑을 계시하고자 하신다면, 세상 역시 그 사랑을 인식할 수 있어야" 하기 때문이다. 아름다움으로 눈을 돌리듯, 인간 안의 본성적 소질로서 사랑을 인식할 수 있는 발화 지점이 존재하는 것이다.

그러므로 하느님 사랑의 계시는 은총에 의해 촉발되듯 인간 안에 사랑의 응답을 불러일으킨다. 신부와 신랑의 관계처럼 하느님의 행동에 이에 상응하는 피조물의 '예'가 이루어져야 "사랑이 계시되었다고" 말할 수 있다. 바로 마리아의 '예'가 이 응답의 완전한 원형이며, 믿음의 모든 응답은 마리아적이고 교회적인 차원 안에서 하느님의 계시를 통해 선물로 주어지는 것이다. 이처럼 하느님의 계시가 대화적 특성을 가지고 있다면, '하느님의 모상'이신 그리스도 자체가 이미 "근원적으로 대화적 말씀"이라고 발타사르는 말한다. 하느님의 계시가 일차적으로 그 어떤 가르침이 아니라, "사랑 자체의 드라마"라는 것이다. 결국 "사랑은 내적 실재에서 볼 때, 사랑에 의해 인식될 수 있을 뿐"이다. 물론 이 사랑은 하느님의 사랑이다.

하느님께서 당신 사랑을, 곧 세상을 위해 품으신 당신 사랑을 계시하고자 하신다면, 세상 역시 그 사랑을 인식할 수 있어야 할 것이다. 그 사랑이 전혀 다른 차원의 것이라 하더라도 그 다르다는 특성 안에서 말이다. 사랑은 내적 실재에서 볼 때, 사랑에 의해 인식될 수 있을 뿐이다. 사랑하는 이의 몰아적 사랑이 이기적인 상대에게 이해받을 수 있으려면, 그 상대에게도 사랑에 대한 어떤 앎이나 출발점이 존재해야 한다. 그가 그 사랑을 여럿 가운데 하나나 더 나은 이용 가능한 대상으로 이해하든, 아니면 그 사랑을 그 자체로 이해하든 말이다. 고귀한 예술 작품을 감상하는 이에게는 타고났든 훈련을 통해 습득했든, 저급한 예술이나 모조품과는 구별되는 아름다움의 가치를 감지할 수 있는 어떤 소질이 필요한 것과 비슷하다. 이미 갖추어진 이러한 특성을 통해 주체는 계시된 대상이 지닌 높은 단계까지 고양되고 거기에 맞게 조율되는데, 주체의 그러한 소질이야말로 인간 각자 안에 있는 특성이며, 이는 믿음과 희망과 사랑, 이 셋이 하나를 이룬 것이라고 할 수 있다. 다시 말해, 그러한 소질은 진정한 첫 만남에서 적어도 발화 지점으로 이미 상존해야 하며, 나아가 실제로 상존할 수 있다. 은총인 하느님 사랑이 인식의 조건들을 당연히 자체 안에 지니고 있으면서 이를 불러일으키고 전해 주기 때문이다.

  엄마가 아이를 향해 며칠이고 계속 웃어 주었을 때, 어느 순간 아이의 미소를 응답으로 받을 수 있다. 엄마가 아이의 마음속에 사랑을 불러일으킨 것이다. 아이는 사랑을 향해 깨어남으로써, 감각의 텅 빈 인상들이 너라는 중심으로 의미 있게 모인다는 인식 쪽으로도 눈을 뜬다. 직관과 개념의 복합적 구조 전체와 더불어 인식이 작동하기 시작한다. 사랑의 작용이 엄마로부터, 자기를 초월하는 타자로부터 먼저 시작되었기 때문이다. 이와 비슷하게, 하느님께서는 당신을 인간 앞에 사랑으로 드러내신다. 하느님으로부터 사랑이 발산하고, 인간의 마음에 사랑의 빛을 새겨 넣는다. 이 빛이 인간으로 하여금 그 사랑을, 이 절대적 사랑을 볼 수 있게 한다. "'어둠 속에서 빛이 비추어라.' 하고 이르신 하느님께서 우리 마음을 비추시어, 예수 그리스도의 얼굴에 나타난 하느님의 (사랑의) 영광을 알아보는 빛을"(2코린 4,6) 주시기 때문이다. 그리스도의 이 얼굴에서 존재의 심연이 우리에게 아버지처럼 또 어머니처럼 가만히 웃는다. 우리는 하느님의 피조물이고, 이 점에서 사랑의 씨앗이, 하느님의 모상으로서, 우리 안에 잠재되어 있다. 그러나 아이가 사랑받지 않으면 사랑을 향해 깨어날 수 없듯이 하느님의 은총이 자유로이 우리에게 다가오지 않는 한, 그 어떤 인간의 마음도 하느님 이해에 눈을 뜰 수 없다. 물론 하느님의 은총은 그 아드님의 모상 안에서 빛을 발한다.

그러나 한 인간이 역사의 어느 시점에서 하느님의 사랑을 만나기 위해서는 먼저 또 다른 만남, 근원적이고 원형적인 만남이 요구된다. 이 만남은 하느님의 사랑이 인간에게 나타날 수 있는 가능성의 조건들 가운데 하나이며, 인간을 향한 하느님의 이 **일방적** 사랑의 움직임이 그 만남 안에서 그 자체로 이해되는, 다시 말해 그 사랑에 상응하는 수용과 응답이 이루어지는 만남이다. 이 응답이 하느님의 사랑에 상응하지 못한다면, 결코 사랑이 계시되었다고 말할 수 없다. (사랑이 정신적이고 의식적으로도 실재하지 않으면서 동시에 존재론적으로만 실재할 수는 없기 때문이다.) 그러나 인간을 향한 하느님의 일방적 은총의 움직임이 인간의 응답을 불러일으키고, 먼저 그 응답을 앞서지 않는다면, 그 관계는 처음부터 양면적일 수밖에 없고, 이는 인간학적 체계로 되돌아갔다고 할 수 있다. 고립된 성경이 이 응답의 말일 수는 없다. 영에 대립하는 문자는 그 자체로 사람을 죽이기 때문이며, 성경 안의 영은 하느님 말씀이지 인간의 응답이 아니기 때문이다. 그것이 인간의 영에서 나오는 사랑의 생생한 응답이 되려면, 그 사랑이 인간 안에서 하느님 사랑의 은총을 통해 촉발되듯 일어나야 한다. 이는 은총 안에서 "오십시오." 하고 말하는 "신부"(묵시 22,17)의 응답이다. 이 신부가 "당신 말씀이 저에게 이루어지기를 바랍니다."(루카 1,38 참조) 하고 말한다. 이 신부는 "하느님의 씨"를 품고 있고, 그러므로 "죄를 저지르지 않으며"(1요한 3,9 참조), "모든 말씀을 마음속에 간직하고 되새긴다"(루카 2,19.51 참조). 순결한 신부이며, 하느님의 사랑으로 그분의 피 안에서 "찬란하게 세워진, 흠 없는 처녀"(에페 5,26-27; 2코린 11,2 참조)이고, 그분 앞에서 "주님의 종"(루카 1,38)이자 "비천한 여종"(루카 1,48 참조)이다. 그리하여 자신 안으로 받아들이는 사랑스러운 믿음의 전형(루카 1,45; 11,28 참조)으로서 이 신부가 "겸손한 경외 가운데 순종하듯 신랑을 바라본다"(에페 5,24.33; 콜로 3,18 참조).

(마리아는 십자가의 은총에 힘입어 미리 구원받았다. 다시 말해, 마리아는 하느님께서 절망의 밤 속으로 당신을 쏟아부으시고, 그럼으로써 얻으신 첫 열매다.) 그러므로 비사랑의 어둠 속으로 쏟아진 하느님의 사랑이 이러한 부어 주심을 통해 마리아의 이 태를 발생하게 하지 않았다면, 사랑은 결코 그 밤 속으로 뚫고 들어오지 못했으리라. 도무지 그럴 수 없었으리라. (이와 관련해 루터의 '의인이자 동시에 죄인 justus et peccator'이라는 신학을 진지하게 고려할 때, 이 점이 분명하게 드러난다.) 참으로 하느님의 행동에는 피조물 편에서 이를 발생하게 하는 근원적 응답(피앗, fiat)이 상응해야 한다. 신부

가 신랑에게 응답하듯 말이다. 그러나 신부는 순전히 신랑에게 받아야 한다(κεχαριτομένη, 루카 1,28 참조). 신랑에 의해 신랑을 위해 자신을 "바치려고" "준비된" 이여야 하고 (παριστάνναι, 2코린 11,2; 에페 5,27 참조)[34], 그리고 이로써 오로지 신랑의 처분에만 자신을 맡기고 신랑에게 헌신하는 이여야 한다. παριστάνναι가 의미하는 그대로 말이다("아기 예수님을 봉헌하는", 루카 2,22; 로마 6,13 이하; 콜로 1,22.28 참조).

(실재에 부합하기 때문에) 근원적으로 올바른 이 사랑의 관계가, 인간이 하느님의 사랑을 감지하는 데 필요한 모든 조건을 마치 하나의 매듭처럼 자신 안으로 통합한다. 곧 첫째 조건은 교회다. 교회는 그 핵심에서 흠 없는 신부다. 둘째 조건은 마리아다. 어머니이자 신부인 마리아는 교회의 중심에서 응답과 수용의 '예'인 피앗이 실제로 일어나는 장소다. 셋째 조건은 성경이다. 성경은 성령의 증언으로서 믿음의 응답을 포함한 하느님 말씀이 떼려야 뗄 수 없이 하나로 묶인 것 외에 다른 것일 수 없다. 이 말씀

을 인간적이고 역사적인 문헌으로 대하는 '비판적' 고찰은 따라서 필연적으로 말씀과 이에 대한 성경의 증언 속 믿음 사이에 놓인 이 혼인과도 같은 상호 내재성과 맞닥뜨릴 수밖에 없고, 해석학적 순환은 말씀의 내용상의 진리를 입증하기에 앞서 그 말씀의 형식적 정확성을 증명해야 한다. 곧 여기서 **이 말씀**에 대한 **이 믿음**의 관계 안에서 다음 사실을 증명할 수 있고 증명해야 한다. 곧 쏟아붓는 하느님의 사랑이 말씀의 내용을 이루고 이 사랑의 신비를 향한 여종과도 같은 '예'가 바로 믿음이라는 사실 말이다. 그러나 성경 말씀은 신부인 교회에 속한다. 자신에게서 생생하게 발생하는 말씀을 드러내 표현하는 것은 교회이기 때문이다. 그러므로 이 점에서 넷째 조건으로, 믿음의 전형으로서 신부이자 어머니인 교회가 이 말씀을 생생한 선포 안에서 각 개인에게 살아 있는 하느님 말씀으로 전달해 주어야만 한다. 이때 ('거룩한 봉사의 직무'로서) 선포의 기능이, 교회 자체나 성경 말씀과 마찬가지로 하느님의 계시 자체에 의해 그에 대한 본래적 응답으로 이미 주입되어 있어야 한다. 교회와 성경의 상호 관계성이 그러한 사실을 밝혀 준다.

당연히 참으로, 믿음의 응답은 하느님께서 사랑으로 원하시고 다가가신 피조물에게 그분의 계시로 선사된다. 그리하여 피조물은 실제로 자신의 본성과 자연적 사랑의 능력 모두를 포함해 그렇게 응답하는 피조물이 된다. 그러나 이는 은총 안에서만 일어난다. 다시 말해, 하느님 사랑의 말씀에 적절하게 응답하는 사랑의 말이 선물로 주어짐으로써, 그러한 본래적 천성의 힘으로 그리된다. 그러므로 피조물의 응답은 신부이자 어머니인 마리아적 교회의 '예'와의 연결성 안에서 그리고 그 '보호의 망토' 아래서 일어난다. 이 '예'가 모든 '예'의 원형이다.[35]

인간의 겉과 의식의 은폐 속에서 이루어진 믿음의 영향력을 나자렛의 방과 사도단 안에서 측정할 필요는 없다. 거기에 심긴 보이지 않는 씨앗이 발아하기 위해서는 영의 차원들이 요구된다. 다시금 근본적이고 원형적으로 성경 말씀 안에서 열리는 차원들 말이다. 이 차원들은 그러나 세기를 거치며 성경 전승에 대한 명상을 통해 비로소 여러 갈래로 나뉜다. "살로 된 마음이라는 판"(2코린 3,3)에 새겨지고, 이제는 누구나 "알고 있으며 또 읽을 수"(2코린 3,2) 있고, 그리하여 "성령과 힘을 설득력 있게", 곧 성령을 힘으로 그리고 힘을 성령으로 드러낸다(1코린 2,4 참조). 그러나 충만한 힘으로 성령께서, 그리고 "성령의 직분"(2코린 3,8) 안에서 교회가 우리 마음들 안에 표현하고 드러내는 바는, 그리스도 안에서 흘러넘치는 하느님의 사랑밖에 없다. 참으로 성령은 성자에게서 흘러나온 분으로서, "주님의 영"(2코린 3,17)이시다. 바로 주님 자신이 '영이시기' 때문이다(2코린 3,18 참조).

곧바로 이에 덧붙여, 그리스도를 "하느님의 모상"(2코린 4,4)이라고 부를 때, 이 표현을 신화적인 것으로 축소해 해석해서는 안 된다. 말씀이 사람이 되심으로써 이 강생의 차원에서 신화적인 것과는 결정적 결별이 이루어졌다. 강생이야말로 신화적인 것을 능가하기 때문이다. 이 **모상**은 자연적이고 상징적인 표현일 뿐 아니라, 말씀이고 자유로운 자기 언명이다. 그리고 이 때문에 매번 이미 (말씀의 은총 안에서) 경청되고, 이해되고, 받아들여진 말씀이다. 그렇지 않으면 정녕 계시일 수 없기 때문이다. 말씀의 더 높은 차원에서가 아니라면 **대화적 모상**은 존재할 수 없다. 이 말씀은 물론 자유의 더 높은 차원에서 모상의 모든 가치를 해체하는 가운데 자신 안에 품고 있다. (이 점에서 바로 개신교적 실존 신학의 주장을 반박할 수밖에 없다.) 사람이 되신 말씀이 (부차적이 아니라) 근원적으로 대화적 말씀이라면, 일방적인 (윤리 종교적) 지식 교육의 차원 역시 극복되었음이 분명해진다. 그리스도께서 (무엇에 '대하여', 이를테면 자신이나 하느님에 대하여 또는 자신의 가르침에 대하여) 책을 쓰는 것은 불가능하다. 그분 자신에 '대한' 책은 사랑 안에서 만나고 대화를 나누고 구원받은 인간과 그분 사이 **전이 과정**에 영향을 미칠 수밖에 없기 때문이다. 이는 (글자 안에서) 자신을 표현하는 성령의 차원 자체가 필연적으로

(계시의 사랑과 믿음의 사랑을 지닌) '영 안에' 있어야만 한다는 의미다. 어쨌거나 '객관적'이기 위해서는 그러해야 한다. 달리 말해, 사랑이 관찰되고 입증될 수 있는 장소는 사랑의 외부에 있을 수 없다. (말하자면 '순수한 논리 체계'나 이른바 학문 안에 있을 수 없다.) 그 장소는 오로지 그 사건 자체가 발견되는 곳일 수밖에 없다. 사랑 자체의 드라마 안이 바로 그곳이다. 사실에 부합하고자 하는 모든 주석은 이 근본 원칙을 생략할 수 없다.

6장

계시로서의 사랑

HANS URS VON BALTHASAR

> `PREVIEW` 하느님께서 인간을 만나러 오시고 말씀을 건네시는 계시가 사랑이 아니라면, 믿을 만한 게 못 된다고 발타사르는 말한다. 계시가 사랑일 때만, 믿음으로서의 사랑의 응답을 불러일으킬 수 있다. 이를 내용적으로 증명하려는 이번 장이 말하자면 그의 탁월한 통찰이 빛나는 문학적 절창이라 할 수 있다.

먼저 긍정적인 면에서, 발타사르는 '믿을 건 사랑뿐'이라는 명제가 예수님의 전 생애를 그분의 수난과 십자가를 기점으로 조망할 때 밝히 드러난다고 말한다. 물론 이때 드러나는 하느님의 사랑은 역사 안에서 성자의 자기 비허와 순종, 섬김을 통해 십자가의 무능과 어리석음에서 절정에 달한 구원 경륜적 사랑이다. 그러나 이 사랑은 영원으로부터 이미 하느님 안에 있는 내재적 삼위일체의 사랑이며, 이 사랑의 삼위일체를 전제할 때만 그리스도 사건을 "현상학적으로 정확하게", 다시 말해, 드러나는 그대로 "사실을 왜곡하지 않고 설명"하는 게 가능하다.

다음으로 부정적인 면에서, 하느님의 절대적 사랑과 무자비한 심판이 과연 함께 갈 수 있는지가 문제다. 그러나 심판이란 하느님의 사랑이 죄의 가장 깊은 심연까지 내려가는 것이다. 인간의 자유가 하느님을 거스르는 죄의 전모가, 성자께서 극한에 이르기까지 '하느님 상실'의 어둠을 몸소 겪어 내는 성금요일과 성토요일의 신비에서 남김없이 폭로되었다. 그러므로 "[죄에 대한] 하느님의 분노로 작열하는 심연을 열어젖히는 것은 하느님의 사랑으로 불타는 심연을 여는 것과 하나로 묶여" 있다. 이로써 다시 한번 발타사르의 '지옥 담론'이 무엇을 의미하는지를 확인할 수 있다. 곧 하나도 빠짐없이 모두가 구원되기를 바라시는 '하느님의 보편적 구원 의지'에 대한 희망만이 그리스도교적 참희망이라는 것이다. 물론 발타사르는 당시의 성경 주석에 따라 성경의 '많은 이'를 '모든 이'와 동일화함으로써 이 둘의 차이를 엄밀하게 구별하지는 않는다.

계시가 사랑이 아니라면, 그것이 순전히 일어나도록 받아들이는 수용의 태도는 비인간적일 뿐 아니라 하느님에게도 합당하지 않다. 이 수용의 태도는 자신을 알고자 하는 모든 원의를 풀어 주고 넘어서는 사랑의 태도라고 할 수 있다. 물론 이 사랑은 믿음으로서의 사랑이다. 또한 계시가 사랑이 아니라면, 하느님의 계시 자체도 하느님의 말씀에 대한 응답으로서의 그러한 태도를 인간 안에 심어 줄 수 없을 것이다. 사랑은 선험적으로 (또한 그처럼 믿음인 사랑으로서) 오로지 사랑과만 동조를 이룬다. 비사랑과는 결코 그럴 수 없다. 그러나 응답에서 말씀으로 이어지는 이 결론은 객관적으로 말씀에서 응답으로 이어지는 결론을 전제한다. 곧 이미 말씀이 사랑으로 주어지고 이해되었을 때만, 그때마다 사랑의 응답이 뒤따를 수 있는 것이다. 이 점에서 응답은 말씀을 위한 '자유 통행로' 그 이상의 것일 수 없다. 이 말씀이 하느님께는 피조물의 **인준**이다. 하느님께서는 온통 거역하기만 하는 곳, 당신 사랑을 순전히 거스르기만 하는 곳까지도 가고자 하신다. 이제 '믿을 건 사랑뿐'이라는 이 형식상의 명제를 내용 면에서 한편으로는 긍정적으로, 다른 한편으로는 부정적으로 증명할 차례다.

긍정적인 면에서

예수님의 생애는 처음에는 가르침의 삶으로 나타나고, 이미지적 비유와 영의 행위들이 그 가르침의 의미를 밝혀 준다. 그리고 마지막에는 수난과 죽음의 삶으로 나타난다. 그러나 이때, 그 가르침이 말하고 약속하고 요구하는 바 안에서 드러나는 빛나는 절대성은 그분의 온 생애가 십자가를 향해 기울어져 있다는 점에서만 이해될 수 있다. 말씀과 행적 안에서 드러나는 모든 행위는 수난과 일치하는 한에서만 참으로 이해될 수 있다는 말이다. 수난이야말로 모든 것을 해명하고 가능하게 한다. 만일 이 수난을 어느 순간에 부차적으로 발생한 일종의 사고로 이해하려 한다면, 산상 설교를 포함한 모든 말씀은 이해할 수 없는 것이 된다. 수난 이전 예수님의 가르침을 수난과의 관련성을 배제하면서, 그분이 직접 하신 말씀이라며 수난 이후에 그분 입에 올린 가르침에서 분리하려는 시도를 진지하게 해서는 안 된다. 모든 행위의 로고스와 마찬가지로 가르침의 로고스는 그분이 고대하는 '그때', 그분이 갈망하는 '세례'와의 연관성 안에서 해석해야 한다. 그분의 수난은 옛 유다 계약을 완성하는 그분의 예언자적 파견 사명을 새 계약의 제사와 계약의 피와 계약의 식사로 완수하는 것이며, 이 수난 사건과 그분의 가르침을 분리해 이해해서는 안 되는 것이다.

직접적이든 간접적이든 예수님의 가르침은 "친구들"(요한 15,13)을 위한, "많은 이"(마르 10,45)를 위한, "모든 사람"(요한 12,32)을 위한 그분의 이 자기 헌신을 향해 나아간다. 말하자면 이 헌신이 지닌 비교할 수 없는 예수님만의 형태를 목표로 한다. 그 가르침은 각기 동떨어진 인간적 업적이 아니다. 그것은 위임받은 순종의 행위이며, 정녕 늘 더욱 깊이 자신을 지워 없애는 가운데 종으로서 모두를 섬김으로써(루카 22,27; 요한 13,3-17 참조) 이 섬김 안에서 한 생애의 완결로 드러난다. 그분의 가르침에 담긴 로고스와 논리학Logik은 이 헌신의 죽음으로부터 생겨난다. 그리고 이와 마찬가지로 그 가르침은 그분을 따르는 모든 추종자를 그 동일한 '십자가 말씀'(1코린 1,18 참조) 아래 세우고, 이는 그들의 온 실존을 관통한다. 이는 모든 로고스와 모든 논리학의 해체가 되고 말 것이다. (그 가르침이 삶을 죽음의 법칙 아래 세우고, 그럼으로써 그 삶을 해체할 수밖에 없을 것이기 때문이다.) 물론 예수님의 생애를 지배하는 그분의 죽음이, 최종적 무능 가운데 그 자체로 "하느님의 힘이시며 하느님의 지혜"(1코린 1,24)의 행위이자 발현이라는 사실을 전제하지 않는다면 말이다. 그러나 하느님의 힘이자 지혜가 '자신을 고집하여' 자신 안에 머물지 않고(필리 2,6 참조) 종의 모습에 이르기까지 스스로 낮추어 자신을 '약함'과 '어리석음' 속으로 쏟아부었다. 이 약함과 어리석음이야말로 절대적 사랑의 기능이니, 바로 그렇게 하느님의 약함과 어리석음이 "사람보다 더 지혜롭고" "사람보다 더 강하다"(1코린 1,25 참조).

가르침을 통해 예수님이 선포되었고, 그 안에서 그분이 본질적으로 **전달되었다**. 이로써 그분이 목적하시는 바는 무조건적으로, 그 어떤 주저함도 없이, 윤리적이고 사회학적인 모든 것을 뛰어넘어 세상에는 없는 곳U-topos을 지향한다. 거기를 향해 그분은 자신의 온 존재, 영혼과 육신을 투여한다. 그리고 바닥 모를 한없는 자유 안에서(요한 10,18 참조) 헤아릴 수 없는 가장 깊은 심연(하느님 상실로서의 죽음: 마태 27,46. 희망이 사라진 저승이 기다리는 죽음: 묵시 1,18; 6,8) 속으로 자신을 내던짐으로써, 그분은 자신을 모든 이를 위한 단 하나의 필수 불가결한 희생의 음식으로 만드신다("세상에 생명을 주는 나의 살", 요한 6,51; 히브 13,10-12 참조). 비범한 임의적 재량이 아니라, 단순한 소명 가운데 그렇게 하신다(요한 10,18 참조).

말씀과 수난이 뗄 수 없이 하나로 묶인 이 특성은 모든 면에서 한 분, 곧 사명을 주신 분을 되돌아 가리킨다. 그분은 뭇 사람들이 사명을 받고 오신 이에게 종교적 광신(분명하게 말하면 미치광이)의 혐의를 씌우려는 한에서만 의심스러운 분으로 남는다. 하지만 파견을 받고 오신 이는 모든 말의 골수에 이르기까지 멀쩡한 음성으로 말씀하시고, 정확한 태도를 유지하신다. 그 어떤 열광의 디오니소스적 흥분도 그분에게서는 찾아볼 수 없다. 당신의 자기 헌신을 두고 그분은 결코 황홀한 에로스의 어조로 말씀하지 않으신다. 여기에는 순종을 드러내는 말씀들이 잔잔하게 흐를 뿐이다. 그 어떤 책임에서도 도망치지 않으시고 모든 주도권과 최종적 책임을 (그리고 이로써 극단의 계획을 통한 영광을) 아버지에게로 돌리신다. 순종 안에서 사명과 자신을 일치시킴으로써 그분이 바로 의인화된 사명 자체가 되신다. 그리고 그렇게 '하느님의 종'으로서 자신을 지워 없애는 가운데, 세상에 대한 당신의 영원한 사랑을 보여 주신다. 물론 이는 그분의 영원한 엄위와 임금으로서의 주권을 드러내는 것이기도 하다. 그 엄위와 주권이 바로 종으로서의 최종적 자기 낮춤 가운데 결코 반박될 수 없는 차원으로 계시된다("그렇다. 나는 임금이다.", 요한 18,37 참조). 그러나 당신이 사랑임을 계시하시는 하느님의 임금으로서의 주권이 아버지를 향해 자신을 낮추는 아들의 순종 안에서 드러난다면, 이로써 이 순종이 본질적으로 사랑이라는 점도 함께 밝혀진 것이다. 물론 이 순종이야말로 하느님의 엄위와 주권 앞에서 피조물이 지녀야 하는 사랑이라는 태도의 원형이다. 또한 그 이상으로, 하느님께서 지니신 사랑의 태도 자체가 밖으로 드러나는 원형이다. 그리고 정확히 그리스도의 자기 비허 안에서 (그리고 오로지 이 비허를 통해) 하느님의 **내적인** 사랑의 신비가 드러난다. 당신 자신 안에서 **사랑**이신(1요한 4,8 참조), 그러므로 **삼위일체**이신 하느님의 신비 말이다.[36]

하느님의 삼위일체는 인간 이해로는 다 도달할 수 없는 빛이긴 하지만, 유일무이한 가설로서 이를 전제할 때만 그리스도 현상을 (성경과 교회 안에, 그리고 역사 안에 늘 영원히 현존하는 그대로) 현상학적으로 정확하게, 사실을 왜곡하지 않고 설명하는 게 가능하다.[37] 삼위일체 교리가 말하듯 절대적인 것이 사랑이 아니라면, 이 절대적인 것은 로고스, 곧 절대적 지식νόησις νοήσεως으로서만 머무를 것이다. 곧 미래적인 차원에서 사랑에 **앞서** 거기 그대로 머무르는 지식이거나, 아니면 근대적이고 영웅적인 차원에서 또다시 사랑을 이미 흘려보내고 자신 안에서 '소화'해 버린 지식이거나, 둘 가운데 하나일 것이다. 물론 이는 '이해'라는 영역으로의 축소나 성령에 대한 살해를 통해서만 가능할 따름이다.

공관 복음이 한결같이 증언하는 바에 따르면, 예수님에 의한 하느님 사랑의 계시는 처음부터, 그분을 통해 신적인 사랑의 영을 받아 친숙해지는 것이었다. 물론 이는 인간이 자신의 확신과 기준들을 넘어서는 일, 곧 '믿음' 안에서 일어난다. 성령을 불어넣는 이 과정은 예수님의 지상적이고 육체적인 현존이 물러나는 것과 겹치는데("내가 떠나는 것이 너희에게 이롭다.", 요한 16,7), 예수님께서는 당신의 영이자 아버지의 영이 오시도록 하기 위해 그렇게 하신다. 그리고 사랑 때문에 자신을 비우고 낮추며 사라지는 이 일을 사랑의 충만이신 성령께서 완수하시고 또 증언하신다. 그리하여 예수님의 '승천'에서 '죽음에 의한 모든 단절'이, 바로 성토요일에 일어났던 그 단절이 통째로 극복된다. 두 번째 세대가 예수님을 '잃어버리는' 게 아니다. "우리가 받은 성령을 통하여 하느님의 사랑이 우리 마음에 부어졌기 때문"(로마 5,5)이다. 이런 이유로 바오로는 예수님을 더 이상 '육에 따라', 곧 속된 기준으로 이해하려 들지 않는다(2코린 5,16 참조). 그렇다고 이 말이 성령이 부어지는 장소가 우리 뒤에 남겨졌다는 의미는 아니다. 영원한 사랑이 시간의 형태로 나타난 탁월한 장소가 모든 시대를 관통하는 영적인 관계 속으로 진입한다. 곧 부활하시고 살아 계신 그리스도께서 하느님의 사랑이 자신을 봉헌한 업적(기념과 봉헌)에 대한 항구한 기억 안에("나를 기억하여 이를 행하여라.", 1코린 11,25) 현존하신다(마태 18,20 참조). 그리고 이는 "주님께서 오실 때까지"(1코린 11,26) 영원하다. 말하자면 과거로 회귀하는 게 아니라 앞으로 향하는, 미래 지향적이고 희망찬 기억이다. 불신앙과 비사랑만이 그리스도인들을 과거에 묶어 둘 수 있다. 성령께서 그들을 자유롭게 하시어 모든 시대, 모든 미래 속으로 이끌어 가신다. 세상을 가꾸고 변모시키는 모든 행위 안에서 참으로 그들은 차고 넘치는 한 '모상'*을 향해 앞으로 나아간다. 이 모상이 줄곧 모든 것을 관통하며 그들 앞에 주관적으로가 아니라 객관적으로 떠오른다. '다시 오시는 그리스도'의 이 '모상'을 바라보는 가운데 교회와 세상은 역사적 삶을 살아간다. 이는 하느님의 영이 도우심으로써 이루어진다. 바로 하느님의 영이 그리스도 안에서 나타난 하느님 사랑의 말씀에 대한 적절한 응답을 창조 세계 전

- 그러므로 이 모상은 역사에 대한 모든 시간적 사유의 관점에서는 장소가 없는 u-topisch 형상으로 남을 수밖에 없다.

체에서 찾을 수 있도록, 그리고 극도의 진통을 겪으며(로마 8,19-27 참조) 자신으로부터 그 응답을 산출할 수 있도록 도우신다. 아래로부터의 하느님 사랑이 위로부터의 하느님 사랑을 향해 탄식한다. 모든 것을 완성하는 사랑의 기적이 혼인의 일치(묵시 21,9-10 참조)를 가져올 때까지 탄식한다.

부정적인 면에서

하느님의 사랑이라는 주제와 연관된 모든 '계시 진리'를 다 모아도 중대한 반론이 제기된다. 곧 구약에서 보면 사랑의 영원한 한쪽 상대가 바로 심판이 아니냐는 것이다. 이스라엘이라는 하느님의 비좁은 상속분 밖에 있는 모든 것과, 더 나아가 바로 그 안에 있으면서도 선택과 질투로 드러나는 하느님의 불타는 사랑을 거스르는 모든 것에 대한 "가차 없는 심판"(야고 2,13) 말이다. 이스라엘이 마음을 찢는 두려움 가운데 그리짐과 에발, 곧 약속의 산과 저주의 산 사이에 스스로 서게 되고(신명 27-28장 참조), 그들 가운데 그저 '남은 자들'만이 구원을 받을 뿐, 그 밖의 백성을 위한 탄원도 아무 소용 없지 않겠느냐 하는 것이다(예레 7,16; 11,14; 14,11 참조). 이 첫 예루살렘을 두고, 곧 아무도 끌 수 없는 하느님 분노의 불에 정녕코 떨어지는(예레 7,20 참조) 옛 하느님 백성을 두고 예수님께서는 사랑의 복음을 선포하신다. 구약에서 전반적으로 예측했던 것보다 훨씬 더 끔찍할 심연들의 입구를 열지 않으시고 그렇게 하신다. 곧 축복과 복락, 저주와 상실은 구약에서 시간적 범위에서만 그 의미를 가질 수 있었다. 하늘이 열리지 않았기 때문에(히브 11,40 참조), 지옥 역시 있을 수 없었다. (하데스와 셰올에 대한 잠정적 특성만이 있을 수 있었다.) 이제, 하늘이 열리는 순간에 동시에 처음으로 영원한 지옥도 열린다. 말씀들이 거기 서 있다. 그 말씀들은 건너뛸 수 없고, 숨죽이게 할 수도 없다. 그리고 위로자 성령께서 세상으로 하여금 "죄와 의로움과 심판"(요한 16,8)이 있음을 알게 하실 것이다. 악과 유혹의 세력, 사랑을 파괴하는 바빌론적 권세가 하나로 힘을 합쳐 언제나 찾아내게 될 것, 그것이 무엇이든 거대한 바벨과 혼돈의 짐승들과 함께 모두 "불과 유황 못"(묵시 20,10)에 던져지고, 거기서 "영원무궁토록 밤낮으로 고통을 받을 것"(묵시 20,10)이다. 이것이 "두 번째 죽음"(묵시 20,14)이며, "생명의 책에 기록되어 있지 않은 사람은 누구나 불 못에"(묵시 20,15) 던져질 것이다(묵시 21,8 참조).

하느님을 거스르는 자유의 최종적 심연들은, 하느님께서 세상의 잃어버린 모든 것 속으로 자기 비허 가운데 내려가기로 작정하시는 곳, 당신 사랑의 자유로 그렇게 하시는 바로 그곳에서 갈라진다. 이 하강을 통해 하느님은 그 덮개들을 벗기신다. 하느님 상실을 경험하고자 하신다. 당신 자신을 위해 그리하시고, 또 세상을 위해 그리하신다. 세상이 하느님 사랑의 차원들에서 얼마만큼이나 자신의 자유를 하느님을 거슬러 사용할 수 있는지 그 공간이 이제 비로소 온전히 측량된다. 이제부터는 "사탄의 깊은 비밀"(묵시 2,24)을 탐지할 수 있다. 비로소 이제 처음으로 의도적인 진정한 무신론이 가능하게 되었다. 그 이전에는 진정한 하느님 개념의 부재로 인해 그러한 무신론이 실제로는 있을 수 없었다. 무방비의 자유 안에서 하느님이 당신 자신을 표출하심으로써 인간을 신적이고 우주적이며 모든 것을 포괄하는 로고스의 껍데기에서 끄집어내시어 당신 자유의 무방비 속에 세우셨다. 하느님과 맞닥뜨려, 절대적인 것 안으로 이끌어 가는 그분의 자유 말이다. 이와 관련해 구약은 오랫동안 엄격한 훈련 기간이었다. 곧 모든 것은 쌍방적 계약에 대한 이중의 자유로운 동의 위에 세워진다. 곧 인간이 (계약을) 물릴 수 있고, 하느님 역시 물리실 수 있다. 그리고 후자의 가능성이 그 모든 결과에 이르기까지 숙고되고 남김없이 실행되었을 때만, 이를 뛰어넘어 다른 극한의 가능성이 받아들여질 수 있다. 곧 물리치실 수 있고 물리치신다 하더라도 하느님께서 마지막에 영원히 구원하시리라는 가능성 말이다. "나는 너를 영원한 사랑으로 사랑하였다."(예레 31,3) 그러므로 모든 결정적 배척 다음에는 온 이스라엘이 더욱 결정적으로 구원을 받게 될 것이다(로마 11,26 참조).

옛 계약과 새 계약의 성경 진술은 예언의 진술이거나 선택의 진술이다. 이 진술들은 구약이든 신약이든 형식에서 일치한다. 곧 발화된 계약의 진술이다. 서로에게 내맡겨져 있다는 점에서 (곧 사랑의 하느님, 그리고 언제든 이 사랑을 남용할 준비가 되어 있는 인간 사이에 맺어진 계약이라는 점에서) 이 계약의 진술은 언제나 객관적으로 양면적일 수밖에 없다. 교부 시대와 중세의 사변 신학은 이 예언적 양면성을 우주론적인 것으로 체계화하였다. (그리고 이 점에서 말씀의 붓은 둔화되었다.) 근대의 인간학적 신학은 이 양면성을 인간 실존에 초점을 맞추어 전개했고, 그럼으로써 일부는 심리학적이고 교육학적인 범주들로써, 또 다른 일부는 실존적이고 논리적인 (변증법적) 범주들로써 그 양면성을 희석하고 말았다. 하지만 실제로는, 하느님의 분노로 작열하는 심연을 열어젖히는 것은 하느님의 사랑으로 불타는 심연을 여는 것과 하나로 묶여 있다. 하느님의 사랑이 십자가에서 벌어진 심장에서, 그리고 성토요일 모든 어둠을 통한 죽음으로의 하강에서 쏟아졌다. 극도의 위협이 하느님 아버지에게서 온다. 그리고 동시에 하느님 아버지는 극한의 당신 사랑을, 곧 하느님 아드님을 죄인들에게 내어 주신다. 이 극한의 것을 악용해서는 안 된다. 그다음에는 하소연할 사랑도 의지할 사랑도 더는 없기 때문이다(히브 6,4-8; 10,26-31 참조). 그 극도의 위협이 쪼개지는 심장을 방어 외투처럼 감싼다. 그리고 또다시 사랑의 영은 죄의 모든 심연을 폭로하는 것이 아닌 다른 방법으로는 세상에 십자가를 깨우쳐 줄 수 없다. 십자가에서 그 전모가 드러나는 세상의 죄 말이다. 이 죄를 빼놓으면 십자가는 모호해진다. 정녕 우리는 십자가에 못 박히신 분의 하느님 부재 체험을 보며, 무엇으로부터 구원받았고 보호받았는지 알게 된다. 곧 최종적 하느님 상실로부터 우리가 구원을 받았다. 이 상실은 은총 밖 우리 자신의 노력을 통해서는 결코 면제될 수 없는 것이다.

그러나 십자가 앞에서의 이러한 통찰을 통해 우리가 십

자가를 넘어서는 것은 결코 아니다. 십자가 앞에서 우리 죄를 객관화하여 볼 수 있다 해도, 이를 통해 매번 우리는 우리를 위해 죽으신 분을 그분 운명에 내맡겨 드릴 수 있을 뿐이라는 이 매정한 생각은 우리의 악한 마음을 통째로 보여 준다. 사랑이 우리 안의 두려움을 깨어 있게 한다. 하느님에 의해 남겨진 채로 주저앉아 있다는 매서운 현실이 (남겨진 자에게는 무시간적인 이 현실이) 우리에게 분명히 드러내 주는 바는, 지옥은 훈육을 위한 위협이 아니며 그 어떤 막연한 '가능성'도 아니라는 사실이다. 지옥은 하느님을 잃은 이에게는 더욱 확연하게 인식되는 현실이다. 영원하신 아버지와 영원히 본질이 같으신 아들 외에는 비슷하게나마 그처럼 끔찍한 하느님 부재를 경험할 수 있는 이는 아무도 없기 때문이다.

이로써 그 이후로 우리 영원의 두 운명은 오로지 그분 손안에 놓여 있다. 곧 그분이 우리의 은총이시고, 바로 이 이유 때문에 그분이 또한 우리의 심판이시다. 그러나 구원자이신 심판관이시다. 그리스도인으로서 우리는 알고 있는 사랑의 얼굴을 향해 침을 뱉은 죄가 모르는 상태에서 저지른 죄보다 한없이 더 무겁다는 사실을 안다. 그리하여 우리가 시도했던 하느님 사랑에 대한 우리의 모든 척도는 박탈되고, 우리와 이웃과 온 세상의 심판으로부터의 출구에 대한 조직적 전망 역시 박탈된다. 그러한 조직적 전망 대신에 (곧 '우주론적으로' 그리스도의 심판을 통해 일부는 천당으로 일부는 지옥으로 간다는 **지식**이나, 아니면 '인간학적으로' 지옥의 위협은 교육적인 의미일 뿐이며 '모든 것'이 결국은 좋게 끝나리라는 **지식** 대신에) 그리스도인들에게는 훨씬 더 가치 있는 것이 맡겨져 있다. 바로 그리스도교적 희망이다.

이 희망은 순전히 인간적인 희망과는 온전히 구별된다. 불확실성이나 비율상으로 계산할 수 있는 가능성 등을 동원해 묘사할 수 있는 희망이 아니라, 믿음과 마찬가지로 사랑의 무조건성과 보편성에 참여하는 희망이기 때문이다("사랑은 모든 것을 믿으며 모든 것을 바란다.", 1코린 13,7 참조). 그리고 그럼으로써 자기 자신의 그늘을 뛰어넘는다("모든 희망을 거슬러 희망한다.", 로마 4,18 참조). 인간의 본능적 행위일 뿐만 아니라 영적인 행위인 이 희망은 이성적으로 해소될 수 없는 모순으로 머무른다. 이 희망을 이해하게 되는 것은 그것을 진지하게 사랑의 변주로 파악할 때뿐이다. 적어도 출발 단계에서 하느님을 닮은 '초자연적' 사랑의 변주로서 말이다. 그리고 이 희망 안에서 우리는 유일하게 온당하고, 그리하여 유일하게 허락된 태도를 직시하는 가운데, 사람의 아들의 표징을 향해 앞으로 나아간다. 그 표징이 구름 속에서 나타날 것이며(마태 24,30; 묵시 1,7 참조), 하늘과 땅은 사라질지라도 세상을 향한 하느님의 마지막 **말씀**으로 남을 것이다(마태 24,35 참조).

따라서 우리가 조직적으로 사유된 지옥과 하느님 사랑을 서로 조화시켜 이를 믿을 만한 것으로 만들 의무는 없다.[38] 또는 그것을 (당신을 영광스럽게 하시는 하느님 정의의 계시로서만이 아니라) 심지어 사랑이라고 사유적으로 정당화할 필요도 없다. 사랑 밖에서나 사랑을 넘어서 가능한 '앎'

에 의해 구축되면서도 사랑과 연결되어 있는 조직학은 존재하지 않기 때문이다. 우리에게 요구되는 것은 다만, 사랑을 잃지 않는 것이다. 사랑은 믿고 희망한다. 흔들리는 가운데도 믿음과 희망, 이 둘이 우리를 붙잡아 주니, 흔들림으로써 그리스도인은 날개가 자란다. 흔들리는 체험을 통해 아래의 심연 역시 함께 감지된다. 물론 그것은 매번 나 자신의 날아오름 안에서 감지될 뿐이다. 그러므로 지옥은 오로지 매번 나 자신의 것으로서만 이야기될 수 있을 뿐이다. 그 이유는 이미, 나는 다른 이의 파멸이 나 자신의 파멸보다 더 실현성이 큰 것으로 결코 단정할 수 없기 때문이다.

십자가에서 드러난 하느님 사랑의 엄위로움 앞에서 경외의 무한한 간극을 알지 못하는 사랑이 자기 자신에 대해 불신할 온갖 근거를 늘 가지고 있듯이, 심판에 대해 더 이상 아무 두려움을 모르는 사랑 역시 그러하다. 그런 사랑은 어쩌면 1요한 4,17-18을 들이대며 스스로를 완전하다고 선언한다 해도, 수난을 앞두고 예수님께서 흘리신 피땀과 영혼의 산란함(요한 11,33.38; 12,27; 13,27; 루카 22,44 참조)을 진지하게 숙고했다고는 할 수 없다. 산란함을 겪으셨던 분으로서 예수님은 더불어 마음이 산란해진 사도들을 사랑으로 위로하신다(요한 14,1 참조). 그 사도들 가운데 배신자가 앉아 있다. 구원자이신 그분이 산란하신 와중에 당신의 무죄와 당신이 속죄하시는 낯선 죄를 구분하려 하지도 않으시고 또 할 수도 없으신 것처럼, 인간은 하느님의 사랑과 함께하려는 사랑의 시도 속에서, 자신의 죄와 세상의 죄로 함께 산란해지는 가운데 무엇 때문에 자신이 근심하고 두려워하는지를 분간할 수 없다. 명백한 것은 다만 그에게 그럴 이유가 늘 있다는 사실이다.

인간들 사이의 증오와 실망, 비난의 가시적 심연들로 이루어진 세상의 삶을 바라보는 시선을 돌리지 않고, 그리하여 실제 앞에서 자신을 닫지 않는 이는, 구원에 대한 순전히 개인주의적인 이해를 바탕으로 스스로 비구원으로부터의 자기만의 출구를 만들어 내는 함정 따위에는 빠지지 않을 것이다. 다른 이들은 영원히 도는 지옥의 바퀴 아래 내버려 두면서 말이다. 하느님께서 세상을 너무나 사랑하신 나머지 아들을 세상을 위해 전부 내어 주신 것처럼, 하느님의 사랑을 받는 이도 동료 창조 세계와 함께 구원받기를 바랄 것이고, 모두를 위한 보속의 고통에서 자신에게 할당된 부분을 거부하지 않을 것이다. **그리스도교적 희망** 안에서, 곧 그리스도인에게 유일하게 허락된 희망, 모든 인간의 구원을 바라는 희망 안에서 말이다. 정녕 교회는 **모든 이를 위하여** 기도하라는 엄중한 명령을 받았다. (그리고 그 결과로 이와 관련된 교회의 기도가 의미 있고 효과적인 기도로 여겨져야 한다.) 그 이유는 다음 말씀에서 찾을 수 있다.

"그렇게 하는 것이 우리의 구원자이신 하느님께서 좋아하시고 마음에 들어 하시는 일입니다. 하느님께서는 **모든 사람이 구원을 받고 진리를 깨닫게 되기를 원하십니다.** 하느님은 한 분이시고 하느님과 사람 사이의 중개자도 한 분이시니 사람이신 그리스도 예수님이십니다. 당신 자신을 **모든** 사람의 몸값으로 내어 주신 분이십니다."(1티모 2,3-6)

예수님께서는 십자가에서 들어 올려지심으로써 **모든** 사람을 당신 자신에게 이끌어 들이실 것이다(요한 12,32 참조). 십자가에서 그분이 **모든** 육신(사람)에 대한 권한을 받으시기 때문이다(요한 17,2 참조). 그분은 **모든** 사람의 구원자가 되시기 위하여(1티모 4,10 참조), 많은(**모든**) 사람의 죄를 짊어지신다(히브 9,28 참조). 이렇게 **모든** 사람에게 구원을 가져다주는 하느님의 은총이 나타났다(티토 2,11 참조). 그러므로 교회는 많은(**모든**) 사람이 구원을 받을 수 있도록, 그들에게 유익한 것을 찾는다(1코린 10,33 참조). 이것이 바오로가 로마 5,15-21에서 죄와 은총, 두려움과 희망, 저주와 구원, 아담과 그리스도 사이의 균형을 해체하고 은총이 우선한다고 선언할 수 있었던 이유다. 그리하여 참으로, 구원 앞에서도 거듭 쌓이는 죄과에 맞서 헤아릴 수 없이 더 큰 무게로 구원이 서 있다. 곧 아담 안에서 모두가 첫 번째 죽음과 두 번째 죽음에 빠졌지만, 그리스도 안에서 모두가 죽음에서 자유롭게 되었다. 그러나 이뿐만 아니라, **모두**의 죄가, 무죄하신 한 분에게 몰아치며 하느님 살해에서 최고조에 달했던 그 죄가, **모두**에게 상상할 수 없을 정도로 더욱 풍요로운 화해를 가져다주었다. 사실 하느님께서 **모든** 사람을 불순종 안에 가두신 것은, **모든** 사람에게 자비를 베푸시기 위함이다(로마 11,32 참조).

7장

의화이자 믿음으로서의 사랑

HANS URS VON BALTHASAR

PREVIEW   당신의 신성을 비우시고 인간으로서 자신을 바치신 성자의 헌신은 하느님의 절대적 사랑의 표현이다. 그리고 이 점에서 성자는 성부의 '완전한 모상'이시다. 그러나 이는 성자가 성부보다 못하시다거나, 성자의 인성이 헌신을 통해 신처럼 되었다는 의미가 결코 아니다. 그리스도 안에 하느님의 절대적 사랑이 현존하고, 그분의 대리 속죄를 통해 그 사랑 안에 모든 이를 위한 공간이 열린다.

그러므로 그리스도인의 믿음은 우리를 위하여 자신을 바치신 성자의 사랑에 대한 응답이다. 물론 이 믿음에 하느님의 사랑이 늘 앞선다. 그리스도의 죽음으로 하느님께서 먼저 우리를 당신과 화해하게 해 주시고 의롭게 해 주셨기 때문이다. 여기에 도무지 이해할 수 없는 "하느님 사랑의 불가해성"이 있다. 곧 "어떻게 하느님께서 더 이상 내 안에서 나의 죄를 보지 않으시고 그 죄를 짊어지시는 사랑하시는 아드님 안에서 보시는지를", "내가 당신 아드님이 아프게 사랑하는 대상이기 때문에 나를 사랑하시는지를" 우리는 남김없이 파악할 수 없다. 그러므로 발타사르에 따르면, 개별적인 신앙의 진리들은 다만 "그리스도 안에서 사랑을 감지하고 받아들이기 위한 가능성의 조건들"로서 주어지며, 우리 안에 "언제나 더 큰 사랑"을 향한 믿음의 응답이 발화될 수 있도록 사랑이 기적처럼 늘 먼저 도착해 있다.

그리스도의 표징은 인간으로서 죽음에 이르기까지 당신을 바치신 그분의 헌신을 절대적 사랑의 발현으로 읽을 때만 해독된다. 바로 이 때문에, 우리가 그분의 인성을 영웅적이고 초인적이며 반절은 신이라는 차원으로 승격시키는 것을 허용하지 않는다. (물론 옛 영지주의와 아리우스주의가 그렇게 했고, 선의의, 그러나 몽매한 그리스도론이 오늘날에 이르기까지 그러한 경향을 보인다.) 이는 결국 사랑의 실제적 출현을 모호하게 만든다. 그리스도가 다른 인간들에 비해 (전례 없는 지식과 의지력, 그리고 그 밖에도 이를테면 자신의 기적들을 해명하는 심리적 또는 초심리적 능력들에서) 더욱 월등하다는 점이 결정적으로 그분을 주목하게 만드는 게 아니다. 오히려 그분이 "마음이 겸손하고 온유하며"(마태 11,29 참조), 그럼으로써 마음이 가난하기를, 곧 "영에서 모두 비워지기를"(마태 5,3 참조) 원하시고, 이 인간적 사랑의 마음가짐을 통해 절대적 사랑을 투명하게 보여 주실 수 있고, 또 자신 안에 그 사랑을 현존하게 하실 수 있기 때문이다. 그 사랑의 마음가짐이 결국 오로지 이 절대적 사랑에 의해서만 규정될 수 있기 때문에 (곧 고안되고 성취될 수 있기 때문에) 정녕 그러하다. 하느님을 위해 자신 안에 공간을 내주는 이 일은 자기 전결專決이 아니라 이미 그 자체로 순종이요 '더 위대하신 아버지'를 향한 사명의 복종이다. 이 사명은 하느님을 위해 내어 준 동일한 공간 안으로, 하느님을 품는 사랑 때문에, 세상의 죄를 받아들이고, 하느님의 어린양으로서 세상의 죄를 짊어지시는 데까지 이른다(요한 1,29 참조). 물론 세상의 죄에는 내 죄도 포함된다.

우리를 대리하여 세상의 죄를 짊어진다는 이 교의에서 늘 필연적으로 분명하게 드러나는 바는 그러한 숙고의 중심이 인간학적인지 아니면 그리스도론적, 곧 신학적인지 하는 것이다. 이 교의를 배제하면 모든 것은 언제나 인간 자신의 가능성의 하나인 지식의 연장선에 따라 해석될 수 있다. 아무리 많은 역사적 매개를 계속 구축한다 하더라도 그렇다. 이 교의를 영지주의적으로 해체할 수 없는데, 여기서 오는 실제적 불쾌함은 이제 정말로 믿음이 시작된다는 표시요 경고다. 바로 이러한 행위와 함께 하느님 사랑이 시작되고 끝나기 때문이다. 이 사랑은 실제적이며, 넘어설 수도 상상할 수도 없는, 그러나 **사랑으로서는** 완전히 명백한 하느님 사랑이다. 최종적으로는 **오로지** 이 행위만이 절대적으로 믿을 만한 것이다. 이 행위가 이루어질 **경우에** 이 행위만이 절대적 사랑이기 때문이다. 곧 절대적인 **것** 자체로서의 사랑, 전적으로 다르신 하느님의 형언할 수 없는 총체화로서의 사랑이다. "하느님께서 우리에게 베푸시는 사랑을 우리는 알게 되었고 또 믿게 되었다."(1요한 4,16 참조)

이게 사실이라면, "내가 지금 육신 안에서 사는 것은, **나를** 사랑하시고 **나를** 위하여 당신 자신을 바치신 하느님의 아드님에 대한 믿음으로 사는 것"(갈라 2,20)이다. 여기서 믿음은 기본적으로, 나를 위하여 자신을 바치신 사랑에 대한 응답을 의미한다. 그런데 응답은 늘 너무 늦게 도착한다. 그리스도 안에서의 하느님의 행동, 곧 내 죄를 짊어지시는 행동이 먼저, 다시 말해 가능한 모든 응답과 응답에 대한 모든 계산에 앞서 일어났기 때문이다. 그것은 순전히 무상으로 일어난다. 순수하고도 절대적인 사랑이 증명하듯 말이다. "우리가 아직 죄인이었을 때에 그리스도께서 우리를 위하여 돌아가심으로써, 하느님께서는 우리에 대한 당신의 사랑을 증명해 주셨다. 우리가 하느님의 원수였을 때에 그분 아드님의 죽음으로 그분과 화해하게 되었다."(로마 5,8.10 참조) 여전히 그가 원수인데, 어떻게 원수와 화해가 이루어질 수 있는가? 분명 하느님께는 가능하다. 바오로는 이 불가해성으로부터 다음과 같은 결론을 이끌어 낸다. 곧 그리스도의 죽음으로 우리가 의롭게 된 이후에는, 다시 말해, 우리를 하느님과 화해하게 하고 친구가 되게 하는 이 의화 이후에는, 그리스도의 생명으로 우리가 하느님과 평화를 누리게 되리라는 것은 더욱 분명하다는 것이다(로마 5,9-10 참조).

이로부터 밝히 드러나는 것은, 일차적으로 믿음은 우리를 넘어서는 가운데 우리보다 앞서 오는 하느님 사랑의 불가해성을 마주해 있다는 사실이다. 이것이 무엇보다 그리스도교적 신앙 고백의 의미에서 믿음이 지향하는 유일한 사실성, 유일한 '실재Daß'(마르틴 부버)다. 믿을 만한 건 사랑뿐이다. 사랑 외에는 아무것도 믿을 수 없고 믿어서도 안 된다. 그 무엇에 의해서도 능가될 수 없는 이 절대적 최우선성을 인정하는 것이 믿음의 실행이요 업적이다. 사랑이, 그것도 절대적 사랑이 있으며, 이는 최종적인 것으로서 그 뒤에는 더 이상 아무것도 없음을 믿는 것이다. 실존 체험의 모든 개연성을 거슬러, 바로 ('희망을 거슬러 희망하는 것sperare contra spem'처럼 '믿음을 거슬러 믿는다credere contra fidem') 이성적인 하느님 개념, 곧 불가능성이나 기껏해야 통째로 정화된 선의 측면에서 생각할 수 있을 뿐, 이 사랑의 불가해성과 어리석음을 모르는 하느님 개념을 거슬러 믿는 것이다.

그리스도인의 믿음에서 비그리스도인의 눈에 제일 먼저 띄는 것은, 그리스도인들이 공공연히 너무 멀리 나간다는 점이다. 모든 게 그럴듯해 보이지만 믿기지 않는다. 곧 존재의 신비가 절대적 사랑으로서 베일을 벗는다는 것, 이 사랑이 자신을 낮추며 자신이 지은 피조물의 발을, 정녕 그 영혼들을 씻어 준다는 것, 나아가 죄의 모든 오물, 하느님을 모욕하는 모든 증오, 몽둥이로 하느님을 난타하는 모든 고발, 그분의 현현을 조롱하며 다시 덮어 버리는 모든 불신앙, 그분의 헤아릴 수 없는 하강을 결정적으로 못 박는 모든 경멸을 당신 안에 받아들이신다는 것, 바로 당신 자신 앞에서 그리고 모든 세계 앞에서 당신의 피조물에게 양해를 구하시기 위해 그렇게 하신다는 것을 말이다. 이 모든 게 실제로 너무 지나치지 않은가. 이런 형이상학을 정당화할 수 있는 것은 세상에 아무것도 없다. 그러니까 **나자렛 예수**라는 개별화된 표징, 역사적으로 너무 약하게 증명된, 그리하여 해독하기에는 어려운 그 표징 역시 정당화하지 못한다. 이처럼 깨지기 쉬운 기초 위에 과도한 건물을 세운다는 것은 이성의 모든 한계를 넘어선다는 의미다. 그렇다면 (마르틴 부버와 함께) 인간적이고 종교 일치적인 차원에서 해석된 구약과 그 '열린' 비-교의적undogmatisch 믿음에 머무르는 게 훨씬 낫지 않겠는가? 이 경우에는 신학적 진술과 인간학적 진술을 구분하는 게 불가능하다. 그리고 이 '열린 믿음'은 야스퍼스의

'열린 이성'과 하나일 수 있다. 그리되면 결국 우리는 '지혜'에 머무르게 되고, 다시 한번 더 멀어지게 된다. 십자가라는 어리석고 불쾌한 그 절대적 표징에서 말이다.

사랑의 표징을 이해했기 때문에 사랑을 믿는 인간은 사랑에 의해, 사랑할 수 있음의 그 열린 공간 속으로 이끌려 들어간다. 잃어버린 아들이 아버지의 앞선 항구한 사랑을 믿지 않았다면, 집으로 가는 길을 나서지 못했을 것이다. 이 아버지의 사랑이 그가 전혀 꿈꾸지 않았던 방식으로 그를 맞아 준다 하더라도 그렇다. 결정적인 것은 죄인이 사랑에 대해 들었다는 사실이다. 자신에게 해당할 수 있고 실제로 해당하는 사랑 말이다. 하느님의 마음을 조율하는 것은 인간이 아니다. 하느님께서 이미 늘 그 안에서, 사랑하지 않는 죄인 안에서 사랑받는 자녀를 보셨고, 그 사랑으로 바라보셨고, 귀하게 여기셨다.

아무도 메마른 개념들로 이 신비를 해체하지 못하리라.

어떻게 하느님께서 더 이상 내 안에서 나의 죄를 보지 않으시고 그 죄를 짊어지시는 사랑하시는 아드님 안에서 보시는지를, 어떻게 하느님께서 그 죄를 수난의 사랑 가운데 변모하게 하시고, 찾아내시고, 내가 당신 아드님이 아프게 사랑하는 대상이기 때문에 나를 사랑하시는지를, 어떻게 그리되는지를 남김없이 설명할 수 없으리라. 그러나 사랑하시는 이로서 하느님께서 우리를 보시는 그대로가 우리가 존재하는 그대로다. 그분에게는 이것이 되돌릴 수 없는 절대적 진리를 의미한다. 그러므로 '그저 법적인' 의화에 대해서는 언급할 여지가 없다. 그런 이론에서 승인될 수 있는 것은, 우리가 하느님의 창조적인 선행적 사랑의 힘으로, 그리스도와의 관련 안에서 그분에게 존재하는 그대로의 우리 자신으로 창조된다는 점에 한정될 뿐이다. 그 무한히 신비로운 과정을 통해, 그리스도 안에 우리가 대리되어 있다는 사실이 우리 안에서 그리스도가 대리되는 것으로 변모하는지를, 아버지와 우리에 대한 그분의 사랑이 은총과도 같이 우리 안에서 하나의 응답으로 깨어

나는지를 심리학적 또는 신학적 단계들로 분해하려는 시도를 할 수도 있다. 그러나 이는 언제나 기껏해야 과정의 파편들만을 반사할 따름이다. 의화하는 하느님 사랑의 빛이 우리를 성화하며 우리 존재 안으로 깊이 파고들수록, 우리의 자유는 사랑을 향해 더욱 무조건적으로 단련되고 깨어 있게 된다. 그리하여 일종의 '원초적 발생' 안에서 우리 안에 사랑의 응답을 불러일으킨다. 이 사랑은 우리 자신 안에서 더듬거리며 발화 지점을 찾는 가운데, 아드님의 충만한 사랑을 매개함으로써, (그리고 이 때문에 그분에 대한 능가될 수 없는 믿음 안에서) 자신의 충만함과 본연의 적합성을 획득한다. 아드님 안에는 신적인 사랑과 인간적 사랑 사이에 온전한 상응성이 존재하기 때문이다. 그리고 이 상응성을 (앞서 이야기했듯) 그분이 온전히 유효한 척도로 교회에 선물로 주셨다. 그럼으로써 교회가 아드님과 그 형제들을 인간적으로 출산할 수 있게 하려는 것이다(묵시 12,17 참조). 이 "충만한 경지"(에페 4,13) 속으로 우리는 합체되었고, 이 점에서 우리의 부족함은 일찍이 극복되었고 보충되었으며, 믿음에 따른 그리스도교적 행동 안에서 우리는, 거룩한 은총 가운데 하느님 사랑의 눈길 아래 이미 늘 그래도 되는 존재로서의 삶을 살아갈 수 있다.

선물로 주어진 사랑의 이 지평이 언제나 우리 위에, 우리 앞에 놓여 있고, 현재 삶 속의 간극을 제거할 수 없다는 점은, 믿음의 '교의적' 측면이라고 할 수 있는 모든 것을 동시에 정당화한다. 곧 진리인 사랑이 우리의 행동과 능력 너머 늘 예측 불가능한 것으로 남아 있고, 그러면서도 현존하지 않는 이념이 아니라 (그리스도와 흠 없는 신부인 교회 안에서) 충만한 현실로 머무르며, 이 현실로부터 우리가 사랑을 추구하는 출발이 가능하다면, 언제나 더 큰 사랑을 향한 우리 믿음의 헌신은 필연적으로 동시에 매번 더 큰 진리를 향한 믿음의 헌신과 같다. 그 진리는 순전한 사랑이기 때문에 우리가 우리 자신의 이성의 원천들로써는 영지적으로 '들여다볼' 수 없는 것이다. 이 사랑과의 만남과 이 사랑의 선물은 우리에게 파악할 수 없는 순전한 기적으로 머무른다. '믿어야 하는 진리로 제시되는' 각각의 '신비'는 그리스도 안에서 사랑을 감지하고 받아들이기 위한 가능성의 조건들 외에 다른 것이 아니다. 아버지는 (위격으로 다르신 분으로서) 파견하는 분이시다. 그리하여 아들의 사랑이 지닌 자기 비허적kenotisch 순종의 특성이 그 어디에서도 지워지지 않도록 하신다. 성령은 발출된 숨이시다. 그리하여 자유와 풍성한 생명력만이 아니라, 나누어지고 스며드는 내향성, 증언과 현양의 주도권, 로고스를 넘어서는 사랑의 순수한 자기 회귀성을 계시하신다. 신성이 세 '위격'에 절대적 이름인 사랑을 보장해 준다. 그리고 이 신성 안에서 세 위격이 본질의 동일성을 이루고, 이 동일성은 관찰하는 이성[39]의 모든 장악으로부터 결정적으로 사랑을 빼낸다. 사랑 안에서 믿는 이들이 복되도록 말이다. 그리하여 이들이 "당신 힘으로 굳세어지게 하시고, 그리스도께서 그 마음 안에 사시게 하시며, 그들이 사랑에 뿌리를 내리고 그것을 기초로 삼게" 하신다. 또한 그들이 "인간의 모든 이해를 한없이 뛰어넘는 그리스도의 사랑을 알게" 해 주신다(에페 3,16-19 참조).

8장

행동으로서의 사랑

HANS URS VON
BALTHASAR

PREVIEW   계시의 영광에 대한 관조인 발타사르의 신학적 미학은 객관적으로는 그리스도라는 형태로 드러난 하느님 사랑의 명증성을 밝히는 것이다. 그런데 이 사랑은 주관적으로는 인간 안에서 사랑의 응답, 곧 믿음과 의화를 발생시킨다. 그런데 기는 무엇보다 절대적 사랑에 응답하기 위해 전적으로 말씀에 귀를 기울이는 관상의 태도다. 그러므로 "사랑에 마땅히 드려야 하는 향위, 곧 경배와 현양의 행위"인 기도가 모든 것에 앞선다.

물론 사랑의 응답을 위한 가능성의 조건들은 사랑하시는 하느님의 무조건적 사랑에 의해 이미 함께 주어져 있다. 그러므로 응답의 행위로서 드러나는 인간의 모든 사랑은, 사랑에서 오고 사랑으로 향하는 "반향일 뿐"이다. 이러한 기본 시각을 바탕으로 발타사르는 인간의 사랑 실천이 지닌 궁극적 의미를 밝힌다. 곧 인간의 사랑은 절대적 하느님 사랑 안에서 이루어지는 타자인 동료와의 만남이고, 그러므로 나는 늘 그를 이미 용서하신 하느님의 눈길로 바라보아야 한다는 것이다. 이러한 사랑을 실천하는 모범이 바로 성인들이다. 이들 안에서 행동으로서의 하느님 사랑과 인간 사랑이 하나가 된다. 사랑하는 이를 바라보며 사랑으로 응답하는 가운데 그분을 닮아 "한 몸"이 되는 것, 이것이 "사랑의 최종 신비"다.

 사랑은 응답하는 사랑 외에는 다른 보상을 바라지 않는다. 그러므로 하느님께서는 우리의 사랑 말고는 다른 것을 전혀 원하지 않으신다. 우리는 말과 혀로 사랑하지 말고 행동으로 진리 안에서 사랑해야 한다(1요한 3,18 참조). 이 행동으로서의 사랑을 일차적으로, 심지어 배타적으로 인간에게서 인간으로 넘어가는 사도적 계승apostolisch의 연장 행위로 치부한다면, 이는 절대적 사랑의 계시를 순전히 기능적으로, 곧 어떤 인간적 목적을 위한 도구나 자극으로 축소하는 것이다. 다시 말해 인격적으로나 그 자체로 절대적으로 이해하지 않는 것이다. 그리스도교적인 것의 본질을 순전히 윤리로 이해하는 인간학적 중심주의는 신론적 중심을 해체한다. 이스라엘은 사도 계승적이 아니었다. 원초적으로도 사도 계승적이 아니었고, 이는 여기서 경고로 남아 있어야 한다. 곧 질투하시는 하느님, 계약 안에서 당신 자신을 선사하시는 하느님이 우선적으로 바라시는 것은 사랑하는 상대의 질투하는 충실한 사랑이다. 바로 당신 자신을 향해서 말이다. 절대적 사랑은 사랑으로 응답받아야 하고, 사랑하는 이 안에서 습득되어야 한다. 사랑의 비교 대상은 경쟁자로서 모두 배제하는 가운데 말이다. 그런 대상들은 절대적 사랑을 향해 절대적 충실이 유지되는 한에서만 우상으로 전락하지 않는다. 아가에서 신랑과 신부는 자녀가 없다. 그들은 서로에게 모든 것이고 충분하다. 생산성의 모든 풍요가 이 상호성의 닫

힌 순환 안에 내포되어 있다. 닫힌 정원이요 봉해진 샘이
다hortus conclusus, fons signatus.

그러므로 절대적 사랑에 그 자체가 목적인 절대적 응답이 주어져 있지 않는 한, 모든 그리스도교적 '사도직' 역시 사랑의 목적에서 벗어나는 것이요 사랑에 이성주의적 통로를 내는 것에 지나지 않는다(요한 12,3-8에서 마리아의 '무의미한' 순전한 **낭비**를 유다가 사랑을 가장해 반박하는 내용을 참조하라). 사랑에 대한 절대적 응답은 순전한 경배요(요한 4,24; 9,38; 묵시 14,7 참조) 영광을 드리는 순전한 감사다(마태 15,36과 병행구들, 로마 1,8; 1테살 5,18; 묵시 4,9 참조). 이 감사는 온 실존에 의미를 부여하는 방식으로 이루어진 것이어야 한다(1코린 10,31; 콜로 3,17). 그리고 이는 하느님 사랑에 언제든 준비가 되어 있는 태도, 그 자체가 목적이며 지상적으로는 무의미하게 보이는 그러한 태도의 무조건적 최우선권과 함께 이루어져야 한다. 참으로 다급하고 합리적인 모든 분주함 한가운데서도 말이다(루카 10,42 참조). 그

리스도교 밖에서도 명상적 삶이 능동적 삶에 앞서는 경우가 있다. 이는 영지와 실천을 통한 자유를 실현하기 위함이다. 여기에 그리스도교적으로 상응하는 바는 (다만 여기서) 당신 자신을 주시는 하느님의 사랑에 대한 응답으로서의 삶이 우선적 질서를 차지한다는 점이다. 이는 다음과 같은 믿음 안에서 이루어진다. 곧 참으로 생산성의 모든 풍요가 생겨나는 이 사랑만으로도, 딴마음 없는 혼인의 헌신으로부터 그의 마음에 드는 모든 열매를 인류와 세상 안에서 산출하기에 그야말로 충분하다는 믿음 말이다. 이것이 가르멜의 본질이요 교회 안의 모든 진정한 '관상의' 삶이다. '관상'이라는 말을 영지주의적으로 오해할 수 있다. 그러나 이는 예수님의 발치에 앉아 귀를 기울이던 마리아의 삶을 의미한다. 그 삶을 예수님께서 칭송하셨다.

따라서 **기도**는 교회의 기도든 개인의 기도든, 모든 행동에 앞선다. 물론 일차적으로 (현대인들이 '충전하러 간다'고 말하듯) 결코 심리학적 힘의 원천으로서가 아니라, 사랑에 마땅히 드려야 하는 행위, 곧 경배와 현양의 행위로서 그러하다. 이 행위 안에서 자기를 포기하는 응답이 시도되고, 이로써 신적인 공표를 이해하려 했다는 표지가 드러난다. 비극적일 뿐만 아니라 우습게도, 우리 시대의 그리스도인들은 이 기본적인 선후 질서를 이웃 안에서 또는 심지어 순전히 세상일이나 과학 기술의 활동 안에서 막연히 그리스도를 만나는 차원으로 축소하고 싶어 한다. 구약과 신약 전체, 예수님의 생애, 바오로와 요한의 신학이 한결같이 그러한 질서를 증언하는데도 그러하다. 그들은 그러한 행위 안에서 이미 세상적 책무와 그리스도교적 파견 사명을 확고히 구분할 줄 모른다. 그러나 명상을 통해 하느님의 얼굴을 알게 되지 못한다면, 그 누구도 행동 안에서 그 얼굴을 인식하지 못할 것이다. 자신을 낮추고 모욕을 당한 이의 얼굴에서 하느님의 얼굴이 반사되어 그를 비춘다 해도 그렇다.

성찬례 거행 역시 아남네시스anamnesis이고, 거기서 사랑 안에서의 명상과 사랑과 사랑 사이의 친교가 이루어진다. 그리고 단지 이로부터만 "이제 사명을 띠고 파견받았다Ite Missa-Missio est!"라는 세상으로의 그리스도교적 파견 사명이 생겨난다. 그럴 때만 "끊임없이 기도하십시오."(1테살 5,17)라는 바오로의 권고가 행동으로 실현될 수 있는 것이 된다. 이는 동방 교회의 '예수 기도'처럼 무엇보다 기술적인 훈련을 토대로 해서 이루어지는 게 아니다. 유비적으로 말하면, 젊은이가 자기가 사랑하는 이의 모상을 영원히, 가장 동떨어진 일을 분주히 행하면서도 생생히, 그리고 효과적으로 자기 마음속에 간직하는 것과 같다. 또는 옛 소설의 기사가 자기의 모든 행위를 자기가 섬기는 귀부인의 영광을 위하여 행할 줄 알았던 것과 같다. '좋은 뜻'이란 말은 훨씬 더 강력한 것에 대해서는 약한 표현이다. 그 강력한 것이 그리스도교적 표어로는 이런 말들이다. 곧 모든 것 안에서 '하느님의 영광을 찬양하는 것'(에페 1,6 참조), '모든 것 안에서 하느님께서 영광을 받으시도록'(베네딕토), '모든 것을 하느님의 더 큰 영광을 위하여'(로욜라의 이냐시오) 등이다.

하느님께 영광을 드리는 이 일이 인간의 행위인 한, 이는 사랑으로부터 영감을 받고 사랑을 향한다. 생명이 물질을 그 근저에 이르기까지 붙잡고 있고 꼴을 주듯이, 자연 그대로의 살아 있는 심리적 '재료'를 그렇게 만드는 것은 사랑의 '덕'이다. 물론 여기에 자연적 덕들이 앞서 작용하기는 하지만, 이 사랑의 덕이 결정적으로 꼴과 의미를 부여한다. ('사랑이 덕들의 형상이다'가 아우구스티누스적 관점이든 토마스적 관점이든, 모든 그리스도교 윤리의 기본 원칙이다.) 사랑caritas은 동료 인간과의 그러한 모든 만남이고, 이 만남은 (하느님의 심판의 눈으로 본다면) 절대적 사랑 안에서의 만남, 그리스도 안에서 드러난 대로의 하느님 사랑 안에서의 만남이라고 해석할 수 있다. 여기서 해석이 관건이 된다. 다시 말해, 심판의 불에 비추어 동료 인간과의 만남 안에 내포된 모든 전제들 또는 결과들이 밝히 드러나는 것이 관건이다. ('의미를 넣어 읽기'가 아니라) 절대적으로 객관적인 해석, 최후 심판의 말씀이 가리키는 바대로의 해석 말이다. "너희가 내 형제들인 이 가장 작은 이들 가운데 한 사람에게 (안) 해 준 것이 바로 나에게 (안) 해 준 것이다."(마태 25,40.45) 이 판결은 그렇게 행한 이들에게서나 행하지 않은 이들에게서나 믿을 수 없는 놀라움을 불러일으킨다. ("주님, 저희가 언제 주님께서 굶주리신 것을 보고 …… 목마르신 것을 보고 …… 나그네 되신 것을 보고 …… 헐벗으신 것을 보고 …… 병드시거나 감옥에 계신 것을 보고…….") 자신의 행위를 온전히 그리스도에게 돌리는 것은 오직 그리스도 외에는 아무에게도 가능하지 않기 때문이다. 사랑의 믿음 안에서 결국, 윤리적인 것의 기준은 행동하는 이의 손을 떠나 최종적으로 하느님의 사랑 안에 놓이기 때문이다.

그러나 믿는 이의 행위와 그 대상인 '이웃' 사이에 함축된 것은 계시 자체보다 그리고 이와 더불어 전체적이고 **통합적인 교의 신학**보다 사소하지 않다. 교의 신학은 계시의 빛 안에서 그리스도교적 행동의 가능성에 대한 조건들을 명료화한다. 물론 이에 대해서는 여기서 몇 안 되는 문장들로 암시적으로 그 개요를 그릴 수 있을 뿐이다. 그리스도교적 행위에 쓸데없는 교의 신학 명제는 없다. 행동하는 이가 그 명제를 명시적으로 알지 못하거나, 또는 알면서도 만남들 안에서 그 명제와 실존적 상황 사이의 관련성을 전혀 감지하지 못한다 하더라도 그렇다. 무엇보다 그리스도교적 행위는 인간에게 작용하시는 하느님의 우선적인 행동에 대한 응답의 이차적 행위다.

"나는 너에게 빚을 다 탕감해 주었다. …… 너도 네 동료에게 자비를 베풀었어야 하지 않느냐?"(마태 18,32-33)

하느님의 이 앞선 행동이 없다면 인간 본성의 정체성 측면에서 우리의 행위를 측정할 수 없게 될 것이다. 게다가 함께 살아갈 수밖에 없는 삶에 필연적으로 내재하는 배려의 한계성이라는 측면에서도, 또한 나와 너 사이 이해관계의 균형(각자에게 각자의 것을 suum cuique)이라는 측면에서도 그럴 수 없게 될 것이다. 자비로이 용서하는 나와 이 너그러움에 내적으로 부당한 너 사이에 윤리적으로는 아주 모호한 너의 우월성이라는 측면에서 그 행위를 측정하는 것은 제쳐 두고서라도 말이다.

하느님의 헤아릴 수 없는 용서가 먼저 시작된다는 점에서만 오로지, 인간의 좋은 뜻이 지닌 한계들이 폭파되고, 인간의 교만이 지닌 위험성들이 축출된다. 하느님의 사랑으로 나는 기본적으로 겸손하게 되었다. 나의 '모든 죄가 탕감되었음'이 분명하기 때문이다. 이차적인 나의 용서는 그저 그 반향일 뿐이다. 정녕 단순한 복종이요, 스스로 자랑할 자기 업적이 결코 아니다. 장벽들이 무너진다. 내가 하느님의 원수였을 때에도 하느님께서 나를 용서하신다(로마 5,10 참조). 그러므로 나도 인간을, 그가 여전히 원수일지라도 용서해야만 한다(마태 5,43-48 참조). 하느님께서 전혀 대가를 계산하지 않으시고 당신 자신을 전부 잃으시기까지(마태 27,46 참조) 나에게 선물을 주셨다. 그러므로 나는 자선과 지상적으로 손에 쥘 수 있는 보상 사이에 그 어떤 계산도 단념해야 한다(마태 6,1-4.19-34 참조). 하느님이 가져다 대시는 그분의 척도가 내가 가져야 하는 척도가 될 것이다. 그리하여 나 역시 그 척도로 측정될 것이다. 이것이야말로 '막연한 정의'의 원칙이 아니라 절대적 사랑의 논리학이다. 다시금 이것이 절대적 사랑의 무조건성이다. 우리에게서 이루어지고, 그러므로 우리를 통해 이루어져야 할 무조건성, 그 자체로 '두려움'을 내포한 무조건성이다.

하느님의 행위로 촉발되어 행동하는 가운데 믿는 이는 하느님의 행위를 향해 행동하는 것 외에는 달리 할 수 없다. 그의 행위는 본질적으로 종말론적이다. 또는 (종말론적이라는 말이 너무 오염되었기에) **재림적**이다. 그는 그리스도교적이고 필연적인 그리스도의 재림을 향해 행동한다. 그리스도는 사랑의 **영광** 중에 다시 오신다. 그 사랑이 밝히 드러나는 가운데 모든 시간적 행위들의 사슬이 마감되는 (무시간적) 끝에서, 사랑이 모든 것을 심판하고 모든 것을 똑바로 세울 것이다. 행동은 언제나 앞으로 나아간다. 절대적인 것으로부터 동력을 받은 행동은 상대적인 세상 역사 안에서 그리고 이를 넘어 절대적 미래를 향해 나아간다(파울 쉬츠).[40] 그러므로 '가장 사소한' 만남, 또는 '가장 작은 이'와의 만남이 심판의 엄중함 앞에 세워질 것이다. 그리스도가 이 가장 작은 이를 떠안으시고 죄를 용서하셨다면, 사랑을 믿는 믿음 안에서 나는 하늘의 아버지께서 당신 눈길로 보시는 그대로의 모습에 비추어 그를 바라보아야만 한다. 오로지 그 모습만이 참되니, 내가 보는 모습은 아무리 명백하다 해도 거짓이다. 그리스도인은 그리스도를 이웃 **안에서** 만난다. 이웃을 멀리 돌아, 또는 이웃을 넘어서가 아니다. 오로지 이런 만남만이 당신을 관사 없이 **사람의 아들**이라고 일컫는 분(요한 5,27 참조)의 육화하는 수난의 사랑에 부합한다. 이분이 다가오는 모든 이웃 안에서 가장 가까이 있는 분이시다.

만남 안에서 '그 어떤 사람'과 '사람의 아들' 사이에 성립하는 이원성은 믿음 안에서 다만, 내가 그 사람의 죄를 사람의 아들 안에서 봄으로써만 해소될 수 있다. 사람의 아들 안에 그 죄의 진정한 자리가 있으니, "하느님께서는 죄를 모르시는 그분을 우리를 위하여 죄로 만드시어, 우리가 그분 안에서 하느님의 의로움이 되게 하셨기 때문"이다(2코린 5,21 참조). 그러니 내가 만나는 그 사람 자체 안에서 그리스도의 올바름을 보아야 한다. 그 사람에게 주어져 있고, 그의 삶이 지향한 진리로서 말이다. 그러므로 행동에서의 이 이원적 단일성은 '십자가를 토대로' 읽어야 한다. 십자가에서 죄가 씻어진 것으로 봐야 하는 것이다. 그 죄가 사랑에 의해 사랑으로 변모했기 때문이다. 그런 상황에서 이웃을 그렇게 볼 수 있는 눈이 나 자신에게 다만 믿음 안에서 선물로 주어져 있다. 나 자신이 나를 위한 그리스도의 죽음에 힘입어 하느님 안에 살고, 그리하여 모든 것을 이 사랑의 규정에 따라 해석해야만 한다는 믿음 말이다.

믿음 안에서의 의화는 이 점에서 내 안에서나 네 안에서나 어떤 식이든 모든 그리스도교적 만남의 전제다. 따라서 이 만남은 의화를 통해 객관적으로 함께 조건 지워진 모든 것 역시 포함한다. 이를테면 이미 말했듯이, 맹목적인 복종의 태도가 여기에 포함된다. 그러한 복종은 자기 자신의 모든 (심리학적) 확신을 뛰어넘기 때문에, 오로지 그러하기 때문에, 다른 이 안에서 그리스도의 모상이 빛나는 것을 본다. 또한 거기에는 기도가 포함된다. 너와의 실존적 모든 대화는 하느님의 말씀 안에, 그리고 이로써 사랑의 삼위일체적 대화 안에 함께 공동으로 이미 들어가 있음을 전제하기 때문이다. 사람이 되신 아들이 아버지와 나누는 대화 말이다. 이 대화 안에서 세상의 현재 모습과 하느님 눈에 그래야 하는 모습 사이 깊디깊은 간극은, 섣불리 해체되지 않고 마지막에 이르기까지 하느님 말씀의 최종적이고 실존적인 투신을 통해 응답을 받고 균형을 이룬다. 이는 오로지 모든 그리스도교 신비의 가장 깊은 신비인 이 대화의 힘으로써만 가능하다. 이 대화 안에서 하늘의 관점과 지상의 관점 사이 의견 차이가 일치에 도달한다. 곧 아버지의 뜻에 대한 아들의 무차이성Indifferenz에 의해, 그리고 아들의 뜻에 대한 아버지의 '양보'(요한 17,24 참조)에 의해 그렇게 된다. 오직 이 대화의 힘으로써만 우리는 이웃에 대한 인간적 배려를 '더는 아무것도 할 수 없다'는 실망 때문에 중단할 필요가 없게 된다. 하느님 손에 내맡길 때, 모든 것을 지탱하는 사랑이 더욱 멀리 작용하기 때문이고, '더 이상 아무것도 할 수 없다'는 지극히 혹독한 고통 가운데서도 그 사랑이 강력한 자기 확신의 행위보다 더 많이 성취하기 때문이다. 이것이 바로 가르멜 수도원 담장 안 소화 데레사의 삶을 사도직의 측면에서 지극히 풍요로운 것으로 일컬을 수 있는 이유다.

그러나 그리스도의 사랑에 눈길을 둔다는 것이 이웃의 잘못을 외면한다는 의미는 아니다. 사마리아인은 그가 돌보아야 하는 상처들을 볼 수밖에 없다(프란치스코 살레시오에 따르면 무심히 보는 것이다). 교육자가 자신의 본분을 다하기 위해서는 아이가 가진 지식과 능력의 부족함을 보아야만 하듯이, 그리스도인은 세상 곳곳에서 하느님을 거스르는 것들을 '현실적으로' 보아야 하고, 그것을 다만 십자가에 비추어 살펴야 한다. (정녕 그리스도인만이 십자가의 빛 안에서 하느님을 거스르는 것의 심연을 어느 정도 안다.) 십자가에서 그분이 이미 "세상을 이겼기 때문"이다(요한 16,33 참조).

이처럼 그리스도교적 행위는 은총에 의해 하느님의 행동 속으로 이끌려 들어가는 것, 하느님과 함께 더불어 사랑하는 것이다. 여기서만 유일하게 **하느님에 관한** (그리스도교적) **앎**이 발생한다.

"사랑하지 않는 사람은 하느님을 알지 못합니다. 하느님은 사랑이시기 때문입니다."(1요한 4,8)

사랑은 여기서 무조건적 헌신을 의미한다. 달리 말해 필요하다면 죽음까지 포함한 끝까지 가는 사랑이다.

"친구들을 위하여 목숨을 내놓는 것보다 더 큰 사랑은 없다."(요한 15,13)

"그분께서 우리를 위하여 당신 목숨을 내놓으신 그 사실로 우리는 사랑을 알게 되었습니다. 그러므로 우리도 형제들을 위하여 목숨을 내놓아야 합니다."(1요한 3,16)

이미 충만함 가운데 행해진 것을 함께 행하는 것, 그리고 그렇게 이미 실현되고 완성된 것을 계속 실현하고 완성하는 것, 이것이 곧 모든 그리스도교적 윤리와 심지어 모든 그리스도교적 인식의 근본 법칙이다. 그 자체로 드러나는 것은 그렇게 해서 비로소 우리에게도 드러나게 되기 때문이다.

"사랑하는 여러분, 하느님께서 우리를 이렇게 사랑하셨으니 우리도 서로 사랑해야 합니다. 지금까지 하느님을 본 사람은 없습니다. 그러나 우리가 서로 사랑하면, 하느님께서 우리 안에 머무르시고 그분 사랑이 우리에게서 완성됩니다."(1요한 4,11-12)

이 점에서 왜 요한이 공관 복음에서 드러나듯 텅 빈 사랑으로 흘러드는 '원수 사랑'의 외견상의 일탈성과 달리, 사랑의 상호성을 그처럼 강하게, 또 언뜻 보기에 거의 배타적으로 강조하는지가 자명해진다(요한 13,34-35; 15,12-13.17 참조). 오로지 그렇게 해서만 모든 그리스도교적 사랑의 삼위일체적 전제가 밝히 드러난다. 그리그 요한 복음이 원수와 그의 밤을 성찬례적 빛의 공동체 테두리 안에 포함하는 것 역시(요한 13,21-30 참조) 하나의 극단적인 경우를 통해 여전히 이 법칙을 보여 준다.

앞에서 제시했듯 참으로 **교회론과 마리아론**의 교의들은 계시의 기본 형태와 내적으로 연관되어 있다. 그리고 이 교의들은 여기서 다시금 그리스도교적 행위의 가능성을 위한 조건들로 뚜렷이 드러난다. 세상을 향해 인간의 형상 안에서 절대적 사랑의 올바른 척도를 대표하는 것은 우리 각자가 아니다. 우리가 사랑의 영을 독점한 게 아니다. 다만 여기에 참여하는 게 허용되었을 뿐, 우리는 거역하는 지체들로서 모든 것을 포괄하는 상위 질서인 전체에 속한다. 우리 안에서 부정하고 그릇된 것은 거기, 가장 깊은 중심에서는 흠 없고 그릇됨이 없다. 절대적 규범에 대한 우리 믿음의 복종은 우리가 교회와 이루는 관계 안에서 육화된다. (교회는 주님에게는 신부이고, 우리에게는 어머니다.) 주님을 향한 교회의 여종다운 경외의 완전한 순종에 우리가 지체로서 참여하는 것이다. 우리가 한 부분으로서 교회의 전체성에 복종함으로써 말이다. 우리의 이 복종이 주님을 향한 교회의 사랑의 순종과 본질에서는 동일하기 때문에, 교회가 우리와 그리스도 사이에 중간 심급을 형성하는 것은 아니다. 오히려 교회는 재림을 향해 가는 우리 자신의 통합 과정에서 본질적 단계다. 교회의 성사들은 신부를 향한 신랑의 사랑이 직접적으로 구현된 것이다. 이 사랑을 받아들이는 이는 매번 각각의 신앙인이며, 그는 직접적으로 공동체의 친교 안에 있는 존재다. 봉사의 주례자 또는 (혼인에서와 같이) 은총의 집전자는 사회적 영역에서는 직접적 매개의 역할을 수행하지만, 동시에 이들은 하느님의 사랑이 지닌, 개인을 넘어서는 권위 있는 엄위로움과 규범적이고 (법적인) 유효성을 보증하는 대리자들이다.

그럼에도 다음 사실 역시 교회의 본질에 부합한다. 곧 (에페 5,27의 교회론과 마리아론처럼) 흠 없는 순결함의 단계에 있는, 절대적으로 규범적인 신랑 신부의 관계를 교회법적 척도로 삼아야 한다는 점이다. 그리고 이뿐만 아니라, 이 관계에 근접한 경우들 역시 교회의 사랑 안에서 사는 인간적 믿음의 삶을 위해 교회법적으로 격상되기에(시성되기에) 충분하다는 점이다. 이처럼 온전히 사랑으로 산 이들은 믿는 이들의 행위를 위한 '윤리적 모범'일 뿐 아니라, 이들이 구원자의 풍요로운 사랑에 자신을 바친다는 점에서 전구자들이고 탁월한 협력자들이다. 그러나 이들은 자신들의 탁월한 자리에서 다만, 사랑하는 모든 이의 행위가 서로를 보완하는 전체 상호적 통합성을 바라보도록 이끈다. 사랑하는 이들의 존재와 작용은 무한한 것을 향해 함께 열려 있고, 서로 스며들며 서로를 보충한다(성인들의 통공). 이 점에서 모든 그리스도교적 만남은 그러한 통공

(친교) 안에서의 사건이다. 그리고 언제나 거기 그리스도로부터, 그리고 교회로부터 참된 파견 사명이 성립한다. 전체와 총체적인 사랑의 이상을 대리하는 사람으로서 모든 상황을 견디는 사명 말이다. 이것이 그리스도교적 정언 명령이다. 이 명령의 힘으로 절대적 사랑이 '의무'로서 모든 개인적 '경향'을 넘어서는 가운데, 예수 그리스도의 십자가의 냉혹함과 함께, 그리스도 자신의 엄중함과 함께, 그분의 불꽃과 함께, 자신에게로 드높이 솟는다. 살아 계신 그리스도가 세상 역사를 관통하며 온통 당신 사랑으로 불을 놓으신다.

"그분의 눈은 불꽃 같았으며, 발은 용광로에서 정련된 놋쇠 같고 목소리는 큰 물 소리 같았습니다. 그리고 …… 입에서는 날카로운 쌍날칼이 나왔습니다. 또 그분의 얼굴은 한낮의 태양처럼 빛났습니다. 나는 그분을 뵙고, 죽은 사람처럼 그분 발 앞에 엎드렸습니다."(묵시 1,14-17)

사랑의 사도가 본 환시는 이미 복음 자체를 집어삼키는 불의 숨과 온전히 상통한다. 복음이 그 안에 구약의 모든 불꽃을 하나로 모아들이고 또 뛰어넘는다. 그리고 그 가운데 가장 강력하게 집어삼키는 것은 (시나이산의 천둥 번개가 호렙산의 조용한 산들바람 속으로 감추어지듯) 하느님 사랑의 절대적 무無인내가 마음의 절대적 인내와 가난 속으로 숨어든다는 사실이다. 이는 그럴수록 거기로부터 다만 더욱 더 파악할 수 없이 다시 부수고 나오기 위함이다.

이 정언 명령의 숨Atem과 관련해 **성인들**은 무엇인가를 감지했다. 그들의 삶과 행동이 이를 증명한다. 그들에게서 그리스도교적 사랑은 믿을 만한 것이 된다. 그리고 그들은 가련한 죄인들에게 길잡이별과 같다. 그러나 한결같이 자기 자신이 중심이 아니라 오로지 사랑을 가리키는 존재들이 되려 한다. 사랑하는 가운데 절대적 사랑을 가리키는 이들과 이 절대적 사랑 사이의 간극이 그 어떤 정체성 때문에 희미해지는 곳에서는, 성경의 계시가 말하는 사랑은 이미 더 이상 믿을 만한 게 아니라고 할 수 있다. 이를테면 경건주의적 또는 신비적, 영성적, 요아힘적joa-chimitisch 신학(예를 들어 프란치스코 성인이나 그저 단순히 사제들을 '제2의 그리스도'라고 여기는 등)이 그런 경우들이다. 그리되면 차별화되는 그리스도교적 본질이 위협을 받거나 일반적이고 인간학적인 요소와 뒤섞이게 된다. 그럴 때, 결국 성인들의 사랑은 충만하게 펼쳐진 그들의 '종교적 인간성'을 둘러싼 금빛 외투처럼 약화되고 말 것이다. 그리하여 그들은 여전히 숨겨져 있다 하더라도, 다시금 자신의 영광을 추구하고 자기 이름으로 오는 이들이 될 것이다(요한 5,41 이하). '인간 안의 영원한 것'(셸러)이 금빛 바탕처럼 희미하게 빛을 내지만, (셸러가 마지막에 선명하게 보여 주었듯) 그것은 끊임없이 '영원한 인간' 속으로 언제든 뒤집힐 수 있으리라.

성인들은 하느님 사랑의 더 큰 영광 외에는 아무것도 바라지 않았다. 그것만이 유일하게 그들의 행동에서 그 가능성의 조건이었다. 누가 더 잘 안다고 하며 성인들의 행동을 그들 자신의 영광으로 해석한다면, 이는 참모습을 정면으로 거스르는 것이다. 성인들은 하느님 안에 한없이 깊이 잠긴 이들이고 그 안에 숨은 이들이다. 완성에 이르는 그들의 성장은 그들 자신을 중심으로 이루어지는 게 아니라, 오로지 하느님만을 중심으로 이루어진다. 하느님의 헤아릴 수 없는 계산 불가능한 은총이란 이렇다. 곧 당신 피조물이 그분만을 위해 자유롭게 될수록 하느님께서는 그 피조물이 자신 안에서 자신에게 더욱더 자유롭게 되도록 해 주신다. 이는 모순이니, 우리가 하느님의 자기 증여의 빛 안에서, 그분이 사랑이심을 이해했을 때만 풀릴 수 있다. 이 사랑은 질투하는 사랑이자 동시에 시기하지 않는 사랑이다. 배타적으로 모아들이시고 또 보편적으로 퍼뜨리시기 위해 그렇게 하신다.

성인들은 모든 것을 하느님의 유일무이한 사랑 위에 세우려 했던 이들이다. 이들 안에 그리스도가 말씀하신 것처럼, 그분의 교회 설립이 지닌 유일한 신빙성이 놓여 있다. 그들 안에서 교회가 '본래' 무엇인지, 곧 그 본질과 고유성에서 어떤 존재인지가 분명해진다. 물론 교회가 (하느님의 사랑을 진지하게 믿지 않는 이들인) 죄인들에 의해 본질적으로 혼탁해지고 과잉의 수수께끼가 되어 가는 상황에서도 그러하다. 그 자체로 부조리와 하느님 모독을 부추기고도 남을 수수께끼 말이다(로마 2,24 참조). 그러나 그리스도의 호교론은 다음 문장 안에 요약되어 있다.

"내가 너희를 사랑한 것처럼 너희도 서로 사랑하여라. 너희가 서로 사랑하면, 모든 사람이 그것을 보고 너희가 내 제자라는 것을 알게 될 것이다."(요한 13,34-35)

그리고 이는 교의의 진리에 대한 증명을 의미한다.

"저는 그들 안에 있고 아버지께서는 제 안에 계십니다. 이는 그들이 완전히 하나가 되게 하려는 것입니다. 그리고 아버지께서 저를 보내시고, 또 저를 사랑하셨듯이 그들

도 사랑하셨다는 것을 세상이 알게 하려는 것입니다."(요한 17,23)

사랑은 행위이며, 이 행위는 참으로 인간의 행위다. (몸을 입은 자비야말로 정녕 중대하다.) 이는 또한 그 안에서 참으로 하느님의 행위다. (이 행위가 하느님의 인내와 겸손에 의해 촉발되기 때문이다.) 그리고 그렇게 이 행위는 모든 교회적인 것을 통해 유효하게 작용한다. (이를테면 설교와 미사와 성사들과 여러 기관과 교회법 등을 통해 작용한다.) 이것이 '영과 힘의 증거'다.

이제 비로소 우리는 좀 과장하여 마무리하자면, 사랑의 최종 신비에 관해 이야기해도 된다. 곧 "한 몸"(에페 5,31)의 '큰 신비magnum mysterium' 말이다. 이는 '주님과 결합하여 한 영이 되는'(1코린 6,17 참조) 신비, '한 빵, 한 몸'(1코린 10,17 참조)의 신비, 형언할 수 없는 하나 됨의 신비다. 이 신비 안에서 우리는 더 이상 "이제는 자신을 위하여 살지 않고"(2코린 5,15), 나를 사랑하시는 분을 위하여 산다. 정녕 "이제는 내가 사는 것이 아니라 그리스도께서 내 안에 사시는 것"(갈라 2,20)이며, 하느님께서 몸소 우리 마음 안에서 빛나신다(2코린 4,6 참조). 모든 예감을 넘어서는 서로 안에서의 상호 거주, '어렴풋이 감지하며 주님의 사랑과 영광을 너울 없이 바라보는 것'에서 시작하여 '더욱더 영광스럽게 그분과 같은 모습으로 바뀌어 가는 것, 바로 주님께서 영의 힘으로 이루시는 이 일'(2코린 3,18 참조)이야말로 사랑의 큰 신비다.

9장

형상으로서의 사랑

HANS URS VON BALTHASAR

> PREVIEW 하느님의 사랑은 아름다움으로 찬란하게 드러나며 스스로 자신을 해석한다. 이 해석이 바로 발타사르의 신학적 주요 개념인 '형태'다. 그리스도의 형태에서 하느님의 사랑이 더 이상 능가될 수 없는 방식으로 출현했다. 그런데 이 절대적 사랑은 응답하는 사랑에 존재와 삶의 본질적 모습을 부여한다. 말하자면 사랑이 '형상'인 것이다. 발타사르는 이러한 과정의 원형을 그리스도의 인성이 자기에게서 벗어나 "자신의 신적 위격을 향해 나아가며, 실로 그 위격에 의해 존재하는" 위격적 결합에서 찾는다.

여기에 그리스도인은 세례를 통해 그러한 관계 속으로 들어가

"그리스도의 삶의 형상을" 입는다. 이로써 그리스도의 사랑이 결정적 완성의 "최종적 형상"을 목표로 모든 것을 이끌어 간다. 윤리적인 덕과 자연적인 덕들은 이 과정 안으로 통합되어 완성을 이룬다. 그러나 이 완성은 인류의 종교와 가치들이 추구하는 바와는 전혀 다른 방식으로 이루어진다. 그리스도가 자신을 지워 없애고 녹이는 "액체화"를 통해 인류와 세상을 하느님과 하나로 만들고 변모시키듯, 사랑은 자신을 잃음으로써 모든 것을 다시 새롭게 만들기 때문이다. 관상이든 활동이든, 또 교회 안에서 혼인의 삶이든 봉헌의 삶이든 밀알이 땅에 떨어져 죽는 "땅바닥으로의 이 방향"만이 풍요로움을 가져다준다고 발타사르는 말한다. 결국 믿을 수 있는 것은 사랑뿐이기 때문이다.

　

사랑은 그 자체 외에 다른 어떤 것에 따라서도 측정될 수 없다. (존재한다면 기껏) 사랑의 메아리일 뿐인 '업적들'에 따라서도, (믿음이 사랑에 의해 정신적으로 분열되면서 막연히 '진실로 여기는' 가능성일 수 있다는 점에서) 믿음에 따라서도 그럴 수 없다. 또한 원하지 않는 고난이나 스스로 의로울 수 있는 희생에 따라서도, 주관적인 하느님 체험(신비주의)에 따라서도 측정될 수 없다. 주관적인 하느님 체험은 사랑하지 않는 사람에게도 어쩌면 허용될 수 있다. 사랑은 오직 그 자체에서만 측정된다. 그리하여 사랑은 마치 무형의 것과 비슷하게, 모든 피조물적 규정성 너머에서 바로 그 규정성을 위협하면서 나타난다. 우리는 외견상 뚜렷한 이 무형태성을 먼저 고수해야 한다. 사랑은 하느님의 뜻과 이끄심에 대한 한계 없는 동의이기 때문이다. 하느님의 뜻이 이미 표명되었든 아니든 마찬가지다. 사랑은 미래에 무엇이 오든 앞서서 '예'라고 말하는 것이다. 그것이 십자가든, 절대적 상실, 망각, 헛됨, 무의미 속으로의 침몰이든 그렇다. 하느님 아버지에 대한 아들의 '예', 하느님의 말씀을 가져온 천사에 대한 어머니 마리아의 '예'가 다 그러하다. "내가 바란다 할지라도, 그것이 너와 무슨 상관이 있느냐?"(요한 21,22) 하고 말씀하시며 주도권을 가지고 이끄시는 주님에 대해 교회 역시 자신의 모든 지체와 더불어 '예'라고 말한다. 이 사랑이 '교회의 마음가짐'이다. 교회가 주관적으로는 그리스도를 향하여, 이 때문에 객관적으로는 자기 지체들의 마음가짐에 규범으로 가진 근본 태도다.

그러나 사랑의 이 삼중적 '예' 안으로, 남김 없는 그 개방성 속으로 "하느님의 씨"(1요한 3,9)와도 같이 그분의 사랑이 규정하고 형태를 주는 힘으로 뿌리를 내린다. 이를 하느님 아버지의 '뜻', '선의', '계획', '의향', '결정', '예정'(에페 1,1-11 참조)이라고 부를 수 있는데, 이 안에서 아들의 파견이 형태를 갖추고 완성된다. 그리고 아들의 파견 안에서 교회의 파견 사명이, 교회의 파견 안에서 그리스도인의 파견 사명이 꼴을 갖춘다. 그리고 하느님의 모든 계획에 따라 피조물의 전체 구조가 형성된다. 공간과 시간 안에서 다양성의 그 무한한 형태를 지니도록 말이다. 창조로부터 자연의 온갖 형태들이 자라나고, 영과 사랑 안에서 풍성한 열매를 맺게 하는 은총의 무한성을 향해 열린다. 그리고 위로부터 최종적 형태, 곧 모든 자연적인 것을 한데 녹이고 새롭게 분산시키는 형태를 획득한다.[41] 이러한 과정의 원형은 그리스도의 인간 본성이 '자기를 벗어나' 자신의 신적 위격을 향해 나아가며, 실로 그 위격에 의해 존재하는 방식이다. 아버지의 파견은 아들의 구원자적 직무와 구원자적 운명을 마지막 하나에 이르기까지 다 형성할 뿐만 아니라 아들의 개인적 본성의 본질적 특성까지도 조성한다. 아들은 인간적 실존을 수용하신다. 그럼으로써 이 인간적 실존을 모든 인간과 세계 전체를 위해 하느님께 봉헌하기 위함이다. 그리고 그렇게 자기 자신을 녹임으로써 이 액체화 안에서 하느님과 세계를 하나로 만들고, 부활 안에서 동시에 거룩하게 변모시키고 영원하게 만든 그 봉헌된 자기 본성(과 이로써 세계)을 아버지의 손에서 받아 이 동일한 본성(과 이로써 세계)을 영원히 아버지의 손에 맡겨 드리기 위함이다.

이것이 형상Form이다. 그리고 이 형상 안으로 그리스도인은 세례를 받는다. 곧 예수님의 "죽음과 하나 되는 세례를"(로마 6,3) 받는다.

> "과연 우리는 그분의 죽음과 하나 되는 세례를 통하여 그분과 함께 묻혔습니다. 그리하여 그리스도께서 아버지의 영광을 통하여 죽은 이들 가운데에서 되살아나신 것처럼, 우리도 새로운 삶을 살아가게 되었습니다."(로마 6,4)

이 삶이란 그리스도의 영원한 생명이다. 그리고 이 영원한 생명에 이르기 위해서는 완전한 '예' 외에 다른 문이 없다. 그러므로 이 '예'는 성사적 객관성의 차원에서 세례 안에 놓여 있다. 어머니인 교회가 세례받는 모든 이를 대리하여 이 '예'를 말한다. 그리고 나서, 세례받은 모든 이가 이 '예'를 근본적으로 승인하고, 일생에 걸쳐 비슷하게 말하기 위해 실존적으로 더듬거리며 계속 노력해야 한다. 여기서 근본적 승인이란 신앙을 의미한다. 신앙은 자기 자신의 이성이 더 잘 안다는 모든 불만을 거슬러, 선험적으로 무한히 하느님께 모든 권리를 돌릴 때만, 참된 신앙의 형상을 갖는다. 계속 더듬거리는 것이야말로 사랑의 시도다. 하느님께 자신을 넘겨 드리는 이 근본적인 봉헌을 한 걸음 한 걸음씩 실현하기 위한 시도인 것이다. 죄의 강제력으로부터 자유롭게 되는 것이 하느님께 봉사하기 위해 자유롭게 되는 것이다(로마 6,12-14 참조). 이를 통해 인간은 죽음의 적나라함 한가운데서, 자신의 새 형상인 세례의 옷을 하느님께 받기를 고대한다. "그리스도와 하나 되는 세례를 받은 우리는 다 그리스도를 입었다."(갈라 3,27 참조) 우리는 "진리의 의로움과 거룩함 속에서 하느님의 모습에 따라 창조된 새 인간을 입어야"(에페 4,24) 한다. 그리스도의 삶의 형상을 입어야 하는 것이다.

"그러므로 하느님께 선택된 사람, 거룩한 사람, 사랑받는 사람답게 마음에서 우러나오는 동정과 호의와 겸손과 온유와 인내를 입으십시오. 누가 누구에게 불평할 일이 있더라도 서로 참아 주고 서로 용서해 주십시오. 주님께서 여러분을 용서하신 것처럼 여러분도 서로 용서하십시오. 이 모든 것 위에 사랑을 입으십시오. 사랑은 완전하게 묶어 주는 끈입니다."(콜로 3,12-14)

무한한 것 속으로의 최종적인 확장이요 완성과 마무리 속으로의 종합이라는 이중적 의미에서 결정적으로 완전하게 해 주는 이 사랑이 필연적으로 형상을 주는 것이다. 그리고 이것이 최종적 형상ultima forma으로서 모든 사전 단계와 통합 과정에 의미를 부여한다. 그러나 사랑은 (콜로 3,12-14이 아주 분명하게 말하듯) 그 어떤 사랑이 아니라 그리스도의 사랑, 새 계약이요 영원한 계약의 사랑이다. '마음 속 깊은 **동정으로서**'의 사랑이다. '기꺼이 받아 주는 너그러운 개방성', '겸손의 마음가짐', '반항하지 않는 부드러움', '인내하는 끈기'로서의 사랑이다. 그리하여 참을 수 없는 동료 인간을 극복하고 견디어 내며, 하느님께서 용서하셨기 때문에 용서한다. 사랑은 한마디로, '완전하게 하는 끈'에 의해 이미 결정적으로 형성된 '덕'이다.

이 사랑이 구약 성경 전체에 걸친 인간 교육의 우선적 목표점이다. 하느님을 닮은 마음이 되게 하는 교육 말이다. 이 교육 과정은 필연적으로 자연적이고 인간적인 덕들의 영역을 관통하며 최종적 형상을 목표로 전진한다. 그러나 이는, 그러는 동안에 하나의 지속적인 역동성만이 그 모든 영역에 혼을 불어넣는 방식으로 이루어진다. 이 역동성과 관련해 (인도자이신 하느님에 대한 믿음 안에서) 알게 되는 사실은 마지막 형태가 당장 눈에 보이지는 않을지라도, 늘 거듭하여 단계들을 초월해 나아간다는 사실이다. 그리하여 정치의 영역에서는 전능하신 주YHWH 하느님의 이름으로 먼저는 세상 권력을 통해, 그리고 전쟁을 통해 하느님과 이스라엘의 적을 무자비하게 말살하는 일까지 일어난다. 사회 윤리의 영역에서는 처음부터 근원적으로 그리고 예언자들에 의해서는 언제나 더욱 가차 없이, 가난한 이들과 권리를 잃은 이들, 억압받는 이들의 사회적 권리가 강조된다. 개인 윤리의 영역에서는 각 개인이 즉흥적인 시선과 소유를 포기하는 가운데, 하느님 정의의 더 높은 기준점에 익숙해지도록 훈련된다. 하느님 정의의 맷돌은 초인간적으로 천천히 돌아간다.

이 모든 과정은 그리스도의 **사랑의 형상**을 목표로 진행하는 역동주의 안에서만 참되다. 그리하여 진실로, 그리스도 이후 세계의 모든 정치, 사회, 윤리적 프로그램은 이 사랑으로 가는 과정이며 교회가 이를 뒷받침한다. 그러면서도 교회는 완성의 지점에 확고히 머무르는 가운데 "예수 그리스도 곧 십자가에 못 박히신 분 외에는 아무것도 생각하지 않기로"(1코린 2,2) 다짐한다. 교회는 정치권력을 거룩하게 만든다는 명분 아래 스스로 구약 성경의 기준점으로 되돌아갈 수 없다. 그리고 앞서 투쟁하여 달성했던 구약 성경적 권력을 바탕으로 추가적으로 신약 성경적 사랑을 관철하려 해서도 안 된다. 통합주의자들의 프로그램이 그런 의도를 보인다. (이들의 "In hoc signo vinces"라는 표어는 "세상의 파탄이라는 이 징표 안에서 너는 세상의 승리를 달성하려는가?"라는 의미다.) 교회는 단연코, 분명 새 계약에 매우 근접해 보인다 하더라도, 사회적 정의의 프로그램을 절대적인 것으로 세우고 자신을 이와 동일시할 수 없다. 이는 그렇게 해서 이후 거기에 그리스도교적 색채를 입히려 했던 그리스도교적 사회주의자들의 방식이다. 이 사회 정의에 대한 교회의 근원적 선포와 그 실현을 위한 투신은 전반적으로 신약 성경의 사랑을 토대로 형성되었을 수밖에 없다. 바로 사도들에게서 꾸준히 그런 경우를 찾을 수 있다(2코린 8-9장; 1요한 3,17; 야고 2,1-5 등 참조). 그리고 그리스도께서 바로 그렇게 하셨으니, 가난한 이들 가운데 가장 가난한 그리스도가 당신을, 곧 사랑의 절대적 소모이신 당신 자신을 가난한 이들과 프롤레타리아에 대한 합리적 염려보다 앞세우심으로써(요한 12,8 참조) 그렇게 하신다. 오로지 이렇게 해서만 이웃 사랑은 절대적인 것과 사람의 아들로 연결되는 특성을 보존할 수 있기 때문이다.

개인 윤리의 최고 가치들은 사랑이 없으면 무너진다는 점을 바오로가 거듭 강조한다. 사랑만이 율법의 총화로서 모든 율법을 충만하게 한다(로마 13,10; 갈라 5,14 참조). 사랑 밖에 있는 율법은 죄를 전제로 그 죄에 대한 부정적 방어책일 뿐이다(1테살 1,8 이하). 아브라함을 의롭게 한 믿음도, 완전하게 되려는 사람에게 예수님이 이르신 권고대로 가난한 이들에게 모든 재산을 나누어 주는 희생도, 나아가 종교적 통찰은 말할 것도 없이, 사랑이 없으면 모두 **아무것도** 아니다(1코린 13,1-3 참조). 모든 것을 넘어서는 초월 안에서 사랑만이 우리를 홀로 이끌어 간다. 사랑만이 유일하게 '넘치도록 뛰어난 길'(1코린 12,31 참조)이며, 이 사랑이 이제 믿음과 희망도 형성한다(1코린 13,7 참조). 성경에서 그 자체로 사랑이 아닌 모든 것은 사랑을 가리키는 비유다(파스칼).

이와 동일한 관계가 근본적으로 자연적 덕들과 그리스도교적 사랑 사이에도 성립한다. 물론 이 관계를 아우구스티누스가 《신국론》에서 '하느님의 도성'을 유일하게 필수적인 형상이라고 말하듯 좀 더 부정적으로 강조할 수도 있다. 또는 좀 더 긍정적으로, 모든 이전 단계가 완성을 이룬 형상으로 볼 수도 있다. 어쨌든 이로써 분명하게 드러나는 바는, 모든 종교와 모든 철학은 필연적으로 인간적인 최종 형상을 염두에 두고 있다는 점이다. 이 형상은 피조물이 하느님과 맺는 자연적 관계에 뿌리를 내리고, 이 관계를 더욱 분명하게든 아니면 더욱 모호하게든 다양하게 반사하면서 그리스도교적 완성의 마지막 형태를 닮은 특성들을 보여 줄 수 있다. 하지만 더 큰 비유사성이 이 유사성들의 한가운데를 가로지른다. 살아 계신 하느님의 출현과 행위를 통해, 십자가 죽음과 부활을 통해 드러나듯 말이다.

하느님을 향한 자연적 종교와 신심에서도 아시아와 헬레니즘 세계에서처럼 여러 덕들을 볼 수 있다. 예를 들면, 요동치는 정열을 억누르고 자제하는 평정심, 온유와 끈질긴 인내, 계몽된 공감력, 개인적 법칙과 관심들을 내세우기를 포기하는 명확한 겸손, 절대적 법칙을 어느 정도 식별하고 이해하는 높은 지혜, 운명에 휘둘리는 가운데서도 위안을 느끼는 마음 등이다. 이 최상위 영역으로부터 사회와 가족, 개인의 삶의 환경이 질서를 잡는다. 중추가 되는 사추덕에 대한 가르침이 있다. 선택하고 실행하는 '현명'의 덕, 단호하게 이겨 내는 '용기'의 덕, 기강을 잡고 질서를 유지하는 '절제'의 덕, 우주적 이성과 섭리를 추구하는 '정의'의 덕이다. 이 덕들을 그리스도교적으로 손댈 필요는 없다. 다만 고양되고 완성될 뿐이다. 물론 완성은 이 사추덕의 모든 차원과 여기에 하느님과 연관되는 관계의 뛰어난 방식들이 모두 자체적으로는 도달할 수도 없고 파악할 수도 없는, 그야말로 '어리석은' 척도 위에 세워짐으로써 이루어진다. 그리하여 이때 사추덕의 심오한 의미는 무의미Un-Sinn가 될 수밖에 없다. 그럼으로써 오로지 믿음을 통해서만 보이는, 철학을 통해서는 볼 수 없는 초의미Übersinn를 획득하기 위함이다. '지혜'의 자극을 받아 지혜를 얻으려는 이는 불교 사원에 들어가며 세상의 모든 재화를 버린다. 그러나 그리스도인이 외적으로 유사한 그런 길을 선택할 때, 이는 '자기 스스로 완전해지기 위함'도 또는 '만족하기 위함'도 아니다. 그리스도 안에서 나타난 사랑을 사랑하기 때문이다. 그리고 오직 이 사랑 안에서만,

십자가 희생 안으로 던져지는 자신의 희생이 인류와 하느님께 하나의 '의미'를 가질 수 있음을 믿을 수 있다. 다른 뺨마저 돌려 대라는 주님의 명령을 따르는 것도 일차적으로는, 자기 자신을 극복하는 윤리적 의미를 띠거나, 다른 이들에게 감정 조절이나 교양의 모범을 보여 주는 게 아니다. 그것은 사랑의 의미를 보여 주는 것이다. "사랑은 요구한다. 명예를 증명하기보다 한없이 모욕을 당하신 그리스도와 함께 모욕의 고통을 당하고, 그리스도 때문에 바보요 어리석은 자로 여겨지기를. 그리스도가 먼저 세상에서 현명하고 똑똑한 이가 아니라 바로 그런 자로 취급받으셨다."(로욜라의 이냐시오)

자연적 덕은 언제나 의미가 충만하고 이성에 걸맞은 더 큰 척도에 따라 판명되어야 한다. 이는 무조건적으로 나 자신에게서도 그러해야 한다. 행동하는 '나'는 포괄적인 우주 질서의 일부이기 때문이다.

이 질서 안에서 사랑은 다만 우주 각 부분들의 자연적 조화에 토대를 둔다. 함께 존재하고 함께 작용하고 함께 느끼고 함께 아파하는 것에, 공통의 우주적 숨으로 같이 숨 쉬는 것에, 그리고 이로써 나와 너, 나와 사회, 나와 우주 사이 모든 입장의 탁월한 균형에 토대를 둔다. 그러나 '삼라만상'으로부터, 마치 살아 계신 하느님에게서 오듯 (삼위일체) 사랑의 절대적 법칙이 번개가 치듯 들이치면, 이 모든 섬세한 균형 잡기 연습들은 방해를 받고 있음이 드러난다. 자신이 중심이라는 주장이 이 연습들에서 강탈되기 때문이다. 그러면서 자신들 밖에 있는 어떤 것, 곧 미래에 홀로 형상을 주는 중심이 될 그것에 주목할 것을 요구받는다. 이 요구는 그리스도 이후 세계 안에 현존하기 때문에, 세계와 초세계 사이의 고대적 조화로 되돌아가는 것은 불가능하다. 이제 "그분과 함께하지 않는 자는 그분을 반대하는 자"다(마태 12,30 참조).

그러나 형상으로서의 신약 성경적 사랑으로부터 이른바 새로운 우주적 조화와 같은 것을 기대하는 것도 마찬가지로 불가능하다. 계속하여 밝혔듯이, 지배적인 중심을 인간에게 둘 수 없다는 게 원칙이다. 하느님이 중심으로 머무르신다. 그리고 인간은 자기를 넘어 밖을 향하도록, 스스로를 드러내는 절대적인 것과 관련되어 있다. 인간은 사랑이 그를 소유하는 한에서만 오직 사랑을 '소유'한다. 다시 말해, 인간은 결코 사랑을 자기가 맘대로 할 수 있는 자기 고유의 가능성이라고 묘사할 수 있기라도 하듯, 그렇게 소유할 수 없다. 그렇다고 이것이 사랑이 인간 외부에 머문다는 의미는 아니다. 그 이유는 단 하나, **사랑**이 그 가장 깊은 곳에 (내가 나에게보다 더 깊이 interior intimo meo) 인간을 소유하고 있기 때문이다. 사랑이 인간을 자기 몸으로 만든다. 그 반대가 아니다. 사랑이 인간을, 늘 거역하는 인간을, 자신의 기관Organ으로 만든다. 아마도 인간이 사랑을 배워 알게 되면, 자신이 사랑을 가지고 있다고 말하기를 조심스러워하게 될 것이다. 교회적인 의미에서, 곧 교회를 신부로 여긴다는 의미에서, 기껏해야 요한의 말을 감히 따라 하는 수밖에 없을 것이다.

"우리는 형제들을 사랑하기 때문에 우리가 이미 죽음에서 생명으로 건너갔다는 것을 압니다."(1요한 3,14)

세상에 파견되어 길을 나선 그리스도인들에게는 권한과 설득하는 힘들도 함께 주어졌다. 그러나 이 권한과 힘들은 임무를 부여받은 이들이 아니라 선포되어야 하는 주님을 보도록 한다. 이는 믿음과 희망과 사랑에도 마찬가지다. 믿음과 희망과 사랑을 통해 인간이 세상에서 하느님의 형태에 주목해야 한다는 점에서 그렇다. "우리가 선포하는 것은 우리 자신이 아닙니다. 우리는 예수 그리스도를 주님으로 선포하고, 우리 자신은 예수님 때문에 여러분의 종으로 [여깁니다]."(2코린 4,5 참조) 그러므로 이 원칙이, 파악할 수 있는 하나의 고정된 모습이 되어 세상일의 수행을 그 자체 안에서 마무리하는 것으로 끝날 수 없다. 그것은 다만 수시로 퍼지는 '그리스도의 향기'처럼, 사방 곳곳에서 거듭하여, 또다시 파악할 수 없이, 사랑의 무한성에 대해 무언가를 통지할 수 있어야 한다. "멸망할 사람들에게는 죽음으로 이끄는 죽음의 향내고, 구원받을 사람들에게는 생명으로 이끄는 생명의 향내"(2코린 2,16)처럼 말이다. 다만 하나의 향기가 결정을 강요하고, 잠재된 결정이면 그것을 깊은 심연에 이르기까지 폭로한다. 오로지 이 형상 안에 그리스도 이후 세계 문화가 있다.

그리스도의 표징 안에서 나타난 그리스도교적 사랑의 형상은 절대 나뉠 수 없다. 어떤 그리스도인들은 (종말론적 또는 관상적이라 일컬으며) 초월 편에 세우고, 또 어떤 그리스도인들은 (활동적이고 세계 친화적이라며) 내재 편에 세워 특정화하는 것은 말이 안 된다. 이는 그리스도를 찢고 그 모상을 두 갈래로 나누어 이해할 수 없게 만드는 것이다. 사랑Agape의 온전한 형상만이 있고, 이는 혼인의 법칙들을 따르든 아니면 혼인에 대한 그리스도교적 포기의 법칙들을 따르든 매번 하나의 삶에서 구현될 수 있을 뿐이다. 후자의 경우는 그리스도의 부르심을 받고 더욱 명시적으로 (그리하여 표징으로 드러내며) 그리스도를 따르는 것이다. 혼인의 신분 안에서 형상으로서의 사랑은 성적인 에로스 안에 각인된다. (그리고 가족의 질서와 함께 재화의 소유와 자유로운 사용과 이에 대한 책임 있는 결정 안에 새겨진다.) 예수 그리스도의 삶의 형상이었던 **복음적 권고에 따른 신분**은 신랑이신 그리스도와 신부인 교회 사이 사랑Agape의 원형에서 직접적으로 그 삶의 모습을 취한다. 십자가라는 혼인의 끈으로 묶여 있는 사랑, 본질적으로 십자가의 가난과 십자가의 순종을 통해 그 특성이 드러난 사랑 말이다.

그러므로 본래 세 개의 권고가 있는 게 아니라 **하나의** 삶의 형상에 대한 권고가 있을 뿐이다. 그리고 이에 상응하여, 세 개의 서약이 있는 게 아니라 사랑의 십자가 형태 속으로 들어서는 하나의 굳은 서약이 있을 뿐이다. 이 형상만이 모든 것을 지배하는 유일한 삶의 형상이다. 모든 그리스도인은 세례를 통해 이 삶의 형상에 결합된다(로마 6,3 이하 참조). 그리하여 '권고된' 형상 안에서 그리스도의 형상이 "종의 모습"(필리 2,7)으로서 모든 것에 풍요롭게 형태를 주어 "양 떼의 모범"(1베드 5,3)이 되고 "모든 신자에게 본보기"(1테살 1,7)가 된다. 교회와 세상을 위해 그리스도의 모습을 드러내는 대리적 형상이 되는 것이다. 그리고 이렇게, 봉사하는 사랑으로서, 직무적으로 [초월과 내재의] 양편 안으로 사라지는 누룩이 된다. 그리스도가 지니신 형성의 힘은 형체를 잃는 특성 안에 있기 때문이다. 밀알이 땅에 떨어져 죽고 다 없어져, 자기 모습 그대로가 아니라 많은 낟알로 부활하는 것과 같다(요한 12,24; 1코린 15,36.42-44 참조).

땅바닥으로의 이 방향humilis이 보편 그리스도교적이다. 서로 다름을 강조하면서도 혼인한 그리스도인이나 혼인하지 않는 그리스도인이나, 활동적인 그리스도인이나 관상적인 그리스도인이나 모두에게 해당한다. 이 방향이 메시아적 세계 정복과 세계 침투를 목표로 하는 구약의 모든 움직임을 넘치도록 완성한다. 그리고 더욱더 넘치도록, 하느님의 명령 안에서 세계를 가꾸려는 인간의 모든 움직임을 완성한다. 그러나 그리스도교적 밀알이 형성의 생태적 풍요성을 가지는 것은 오직, 망상적인 특수 형상의 알 속으로 숨어들지 않을 때뿐이다. 세계 형상들 곁에 나란히 서서 자신을 생식 불능으로 저주하는 낟알 같은 모습 말이다. 창설자의 원형을 본받아 자신을 내어 주고, 특별한 형상으로서 자신을 바치는 것, 버림받는 공포와 자신을 내려놓는 공포에 대한 두려움 없이 그렇게 하는 것만이 풍요로움을 발휘한다. 세상이 볼 때, 믿을 만한 것은 오직 사랑뿐이기 때문이다.

10장

세상의 빛으로서의 사랑

HANS URS VON
BALTHASAR

> PREVIEW 그리스도교적인 것의 핵심은 그냥 사랑이 아니라, 하느님의 사랑에 있다. 이 사랑은 하느님 당신 자신에 관한 말씀이고, 이 말씀 안에 인간과 세상의 궁극적 의미도 담겨 있다. 그런데 하느님의 사랑은 세상의 삶의 의지와는 반대로 죽음을 향해 나아간다. "그 사랑은 죽음 안에서 자신이 죽음보다 더 강함을 증명한다." 그리하여 이 사랑에는 필연적으로 십자가가 따른다. 이제 발타사르는 "십자가의 빛 안에서만이 세상 존재는 해석될 수 있고" 피조물 안에서 발견되는 모든 사랑의 길들은 십자가라는 트대 위에서 해명될 수 있다고 말한다.

결국 있는 모든 것의 근거는 스스로 충만한 절대적 존재가 절대적 자유 안에서 자신 너머로 유한한 존재자들에게 자신을 선사하는 것에 있다. "유한한 구체성 안으로" 자신을 넘겨주는 이 사랑은 그 어떤 철학적 범주로도 온전히 파악할 수 없다. 이 사랑은 마침내는 더 이상 밑바닥이 없는 무 속으로, 하느님 단절 속으로 내려가는 절대적 무능의 사랑이기 때문이다. 절대와 무의 이 모순을 품고 동시에 초월하는 이 사랑이 십자가에서 피를 흘린 성자의 심장에서 계시되었으니, 거기가 온 우주의 순환의 중심, 곧 세계의 심장이다.

〃

　그리스도교적 사랑은 세상에 대한 세상 자신의 말이 아니다. 세상에 대한 세상 자신의 마지막 말도 물론 아니다. 그것은 하느님 자신에 대한 하느님의 말씀이고, 이로써 세상에 대한 하느님의 말씀이기도 하다. 먼저, 십자가에는 세상의 말이 전혀 다른 말에 의해 가위표로 지워져 있다. 세상은 그 어떤 대가를 치르더라도 그 말을 결코 들으려 하지 않는다. 세상은 죽기보다는 살려고 하고 부활하려고 하기 때문이다. 그러나 하느님의 사랑은 죽기를 바란다. 죽음 너머로, 죽음 안에서, 하느님의 형태 안에서 부활하기 위해 죽으려 한다. 죽음 안에서의 이 부활은 죽음에서 도망치는 세계 내적 삶에 의해 점령당하지도, 착취당하지도, 억지로 끌려가지도 않는다. 그러나 죽기 이전에 살려고 하는 세상의 삶은 시간적인 것을 영원하게 만드는 그 어떤 희망도 자신 안에서 발견하지 못한다(희망 없는 구축 체계들에서가 아니라면 말이다[42]). 예수 그리스도 안의 하느님 말씀은 세상의 이런 삶의 의지에 유일한 희망을, 짐작할 수 없으며 세상의 모든 가능한 구축 체계를 넘어서는 희망을 가져다준다. 그것은 세상의 의지 편에서는 하나의 '절망적' 해결책이다. 세상의 의지어 죽음을 제안하기 때문이다. 그러나 동시에 그것은 세상의 의지를 '절망적인 것'으로 드러낸다. 세상의 의지는 죽음에 맞서 자신을 관철할 수 없기 때문이다. 삶을 향한 절망적인 의지의 눈에만 하느님의 제안은 절망적으로 보인다. 하느님의 제안은 그 자체로 순전한 사랑이며, 그 사랑은 죽음 안에서 자신이 죽음보다 더 강함을 증명한다. 그리하여 그 사랑은 세상의 의지가 헛되이 투쟁하는 것과 끝장을 낸다.

세상이 이 두 절망을 서로 맞대어 중화시키려고 결심할 때, 세상은 자신을 위한 하느님의 말씀이 자신에게 외적으로 머무르지 않고 오히려 자신을 내적으로 충만하게 한다는 사실을 발견한다. 달리 말해, 자신이 원하지 않음에도 본질적으로 그래야만 하는 그곳으로 하느님 말씀이 자신을 데려간다는 것을 발견한다. "내가 진실로 진실로 너에게 말한다. 네가 젊었을 때에는 스스로 허리띠를 매고 원하는 곳으로 다녔다. 그러나 늙어서는 네가 두 팔을 벌리면 다른 이가 너에게 허리띠를 매어 주고서, 네가 원하지 않는 곳으로 데려갈 것이다."(요한 21,18 참조) 이 다른 이는 내재하는 죽음일까? 아니면 십자가일까? 또는 어쩌면 죽음 뒤에는 그 가능성의 조건으로서 십자가가 서 있다고 해야 할까? 유한한 존재의 철학 전체가 자신의 의지를 거슬러 기꺼이 십자가를 향해 단호해지기를 결심하는 그런 것을 의미할까? 유한한 존재의 철학이 온통 죽음의 벽에 끊임없이 부딪친다. 그리하여 마침내 결연히 죽음에 맞서기로 결심할 수밖에 없다. 하지만 이는 십자가가 세상 존재의 숨겨진 범주라는 의미일 수 없다. 발견하기 어렵지만, 한번 발견하면 모든 것을 해독해 주는 범주나 일종의 '영원한 소멸과 생성'의 변증법적 규칙일 수 없는 것이다. 십자가는 '사변적 성금요일'이 아니다. 여기서 인간 이성은 자신이 하느님의 말씀 자체를 제어할 수 있고, 죽음을 내적 요인으로 삶에 끼워 맞출 수 있는 힘이 있다고 여기며 정립, 반정립, 종합의 법칙 안에서 늘 다시 자신을 가위표로 지운다. 불사조처럼 스스로를 무덤에서 매번 새롭게 부활시키기 위해서 말이다. 십자가가 마음대로 할 수 있는 법칙이 된다면 그것이 단지 삶의 리듬이라는 유연한 법칙일지라도, 그런 십자가는 이미 (바오로가 말하는) 율법으로 전락한다. 그리하여 절대적 사랑은 지식의 능력에 의해 압도된다. 달리 말해, 그야말로 전혀 달리 행동하실 수도 있는 하느님의 주도권적 자유가 인간 이성의 법정에 의해 판결을 받고, 동시에 이로써 실제로 있는 그대로의 자유가 유죄 선고를 받는다.

 이 길은 갈 수 없는 길이다. 그렇다고 이것이 다른 길을 가리키는 것은 아니다. 그리스도교는 학문과 철학이라는 세상의 탐구에 '앎'을 내어 주었고, 하느님 말씀과의 만남은 '한낱' (학문적으로는 해명될 수 없는 개인적) '믿음'에 유보되어 있다고 말하는 그런 '다른' 길 말이다. 믿음의 참된 앎, 신약 성경이 거듭 절박하게 말하는 이 앎Gnosis이 있기 때문이다. 게다가 바로 그렇기 때문에 믿음의 앎이라는 빛 안에서 이루어지는 세상적 존재에 대한 사유가 있기도 하다. 신적 원형을 상대로 피조물적 존재가 갖는 '모상과 유사성'의 특성에 대한 사유 말이다. 그리고 이러한 사유의 결과로 각각의 피조물 안에 그리고 전체로서의 자연적 우주 안에 숨겨진 신적 사랑의 모상에 대한 발견이 있는 것이다. 그러나 자연 안에 각인된 이 모상은 절대적 사랑의 모상이 드러날 때 비로소 밝혀진다. 곧 십자가의 빛 안에서만이 세상 존재는 해석될 수 있고, 그러지 않고서는 길을 잃을 위험에 처한 사랑의 길들과 시작 단계에 들어선 사랑의 형태들이 자신의 참된 초월적 근거 안으로 수렴되어 그 토대 위에서 해명될 수 있다. 그러나 (자연과 은총의) 이 관계가 앞서 언급한 '앎'과 '믿음'의 대립적 변증법의 의미로 산산이 부서지는 바로 그곳에서 세계 존재는 매번 필연적으로 더 큰 '앎'의 전조 아래 놓이게 되고, 이로써 학문과 기술, 인공두뇌학에 대해 세계가 가진 내재적 사랑의 힘들은 제압되고 질식당한다. 여자들도 아이들도 없는 세계, 사랑이 취하는 가난과 겸손의 형태에 대해 아무 경외심도 없는 세계가 형성된다. 이 세계에서는 모든 것이 이익과 권력 소유에 집중되고, 관심 없고 쓸모없고 무익한 모든 것은 무시되고 억압되고 말살되며, 심지어는 예술이 기술의 가면과 얼굴로 덧씌워진다.

그러나 피조물을 사랑의 눈길로 들여다보면 세계 내 사랑의 진공을 가리키는 듯 보이는 모든 가능성과 달리, 피조물은 그 최종 목적 안에서 이해된다. 곧 서로 연결된 개별 존재들의 수많은 의미 관계들 때문에 어느 정도로도 해명되는 그 본질의 최종 목적만이 아니라, 그 현존 자체의 최종 목적 안에서 이해되는 것이다. 여기서 피조물의 이 현존에 대해서는 그 어떤 철학도 달리 충분한 근거를 찾아낼 수 없다. 절대 존재의 실재를 긍정하든 부정하든 상관없이, 왜 실제로 무엇이 있는 것인가? 절대 존재가 실재하지 않는다면, 그 어떤 총합이나 진화로도 결코 절대적인 것을 산출해 낼 수 없는 이 유한하고 무상한 것들이 무無 한가운데 실제로 있음은 그 근거가 어디에 있다는 말인가? 절대 존재가 실재하고, 절대적인 것으로서 스스로 충분하다면, 어찌하여 자신 밖에 다른 무엇인가가 있어야 하는지 좀처럼 이해할 수 없다. 자유로운 사랑의 철학, 이 하나만이 우리 현존의 근거를 밝힐 수 있다. 그러나 이는 동시에 유한한 존재자의 본질을 사랑에 근거하여 해석하는 일과 병행되어야 한다. 최종 심급에서, 의식이나 정신, 지식이나 힘, 쾌락이나 유용성이 아니라, 유일하게 이 모든 것을 충만하게 하는 행위인 사랑을 토대로 그리되어야 한다. 그러한 것들은 이 사랑의 행위에 그저 여러 방식이고 조건들일 따름이다. 이 사랑의 행위는 하느님의 표징 안에서 흘러넘치도록 밝히 드러난다.

그리고 존재자의 현존 자체와 그 본질의 구조를 넘어 존재 자체의 구성성Verfaßtheit이 밖으로 드러나는데[43], 이는 존재가 '자신 안에 갇혀 있지 않음'과 다르지 않다는 점에서 자신을 유한한 구체성 안으로 넘겨줌으로써 그렇게 된다. 이때 유한한 존재자는 다시금 그렇게만 존재를 획득할 수 있고, 존재가 그 자체에 머무르면서도 어떻게 '스스로를 그대로 유지하지 않는 것'으로 있는지를 파악할 수 있다. 그러면서 존재 자체는 계속 선사하는 사랑에 유한한 존재자들이 익숙하도록 만든다. 곧 존저자 안에서 이루어지는 성장하는 의식과 자라나는 자기 소유 및 존재 소유는, 자기에게 머물러 있으면서 자기를 마주하여 있는 존재가 자신을 깨뜨리며 통교와 교환 안으로, 다시 말해 인류적이고 우주적인 공감 안으로 자신을 전개하는 한에서만 성립하고 정확히 그렇게만 일어난다. 세상의 모든 가치는 하느님의 표징을 통해 비로소 자신의 참된 빛 속에 든다. 그럴 때 이제 사랑의 모든 한계와 사랑에 맞서는 모든 저항 역시 극복되기 때문이고, 자신을 희생하여 바치는 사랑의 수수께끼 같은 깊이들이 모두 유지되는 가운데, 그 깊이를 고갈시키는 지식의 장악력으로부터 벗어나기 때문이다.[44]

인간은 무엇보다 이렇게 말을 건네받는 한에서 비로소 참으로 자기 자신이 된다. 게다가 피조물로서 계획된 인간은 응답하는 존재가 됨으로써 온전히 자기 자신에게 다다른다. 인간은 언어이고, 하느님께서는 인간에게 말을 건네기 위해 이 언어를 이용하신다. 그러니 인간이 다른 어디에서 그처럼 넘치도록 자신을 이해할 수 있겠는가? 하느님의 빛 속에서 떠오르는 가운데 인간은 자기 자신의 명료성 안으로 들어선다. 그러면서도 (유심론적으로) 그 본성이 손상되지도 않고, (교만을 통해) 그 피조물적 특성이 위태롭게 되지도 않는다. 오로지 하느님의 구원 안에서만 인간은 온전하다.[45] 인간으로서의 실존과 죽음 속으로, 하느님 부재 속으로 자신을 무화無化하시는 하느님의 표징으로부터, 세계의 창조주이신 하느님이 일찍이 왜 자신에게서 나와 자기 자신보다 더 밑으로 내려가셨는지 해명될 수 있다. 곧 그 무엇으로도 강요될 수 없는 심오한 당신의 자유 안에서 하느님이 당신을 측량 불가능한 사랑으로 드러내신 것은 그분의 절대적 존재와 본질에 부합하는 것이었다. 존재 너머의 절대 선이 아니라 존재 자체의 깊이와 높이, 길이와 너비가 그 사랑이다.

바로 그렇기에 신적인 사랑의 말씀이 지닌 우선성이 무능無能 속으로 자신을 감추고, 이 무능은 사랑받는 이에게 우선성을 양도한다. 곧 자녀인 세계에 대한 하느님의 사랑이 세계의 심장 안에서 사랑을 깨우고, 하느님의 사랑 자체가 아이가 된다. 이 아이가 자기 어머니에게서 태어나 신적이고도 인간적인 사랑이 되어 깨어난다. 손수 하느님 – 말씀이, 대답하는 사랑이 됨으로써 인간 – 응답을 깨우고, 그 사랑은 세계에 주도권을 넘긴다. 해체할 수 없는 순환이다. 영원히 세계를 초월해 계시고 바로 이 때문에 세계의 심장 안에 머무르시는 하느님께서 홀로 남김없이 계획하시고 이끌어 가시는 순환이다. 심장 안에 중심이 있다. 그리하여 신적이면서 인간적인 심장이 경배를 받는다. 머리는 다만 피와 상처가 가득함으로써만이 머리이니, 곧 이로써 심장이 계시된다.

그러므로 영원한 복락이 직관에 있는지 사랑에 있는지 하는 논란은 아주 간단히 해소된다. 영원한 복락은 오직 사랑의 사랑하는 '직관visio'에서만 성립한다. 그러지 않고서 하느님에게서 무엇을 볼 수 있겠는가? 함께 사랑하는 것 안에서가 아니라면 어찌 직관이 있겠는가?[46]

맺음말

,

이해하는 이성으로서의 로고스는 개별적인 것들과 실제적 진리들, '교의들'을 함께 모아서 나열할 수 있을 뿐이다. 그렇게 수집한 다음 분류하고 가려내어, 정선된 한 지점으로 모은다. 이 지점이 그리스도 안에서 이루어진 하느님의 계시에 관한 것이라면, 기초 신학과 교의 신학에서 이는 같은 지점일 수밖에 없다.

이 지점은 우주론 안에, (또는 이와 비슷한 종교적 존재론 안에) 있을 수 없다. 일찍이 철학과 신학이 서로 밀접하게 얽혀 있었을 때, 개신교 개혁과 근대가 이 둘을 구분하려 했던 것은 정당했다. 물론 그들은 부당하게도 이성과 신앙을 아무 관련 없는 것으로 멀리 갈라놓긴 했지만 말이다.

이 지점은 인간학 안에 있을 수도 없다. 인간이 하느님을 위한 척도일 수 없기 때문이다. 인간의 응답 역시 인간에게 건네는 말씀을 위한 척도일 수 없다.

이 지점은 다만, 하느님으로부터 발생하는 계시 자체 안에 있을 수밖에 없다. 계시와 더불어, 모든 것을 모으는 계시 자체의 중심이 수반된다. 그러나 이 중심은, 평범한 가톨릭 신자의 시각에서 볼 때, 너무 낮게 자리하고 있다. 그런 시각에 따르면, 믿어야 하는 교의들의 다양성이 가톨릭 교도권의 단일성을 통해 충분하게 확보되어 있다. 교도권은 그러한 교의들이 그리스도께서 세우신 것으로 증명될 때, 믿어야 할 것으로 제시한다. 그리스도는 당신이 하느님 아버지께서 파견하신 분이심을 당신 편에서 증명하신다. 그리스도의 권위와 마찬가지로 교회의 공식적 권위는 오직 하느님 사랑의 엄위로운 영광이 드러난 것으로서만 결정적으로 믿을 만하게 된다. 이것만이 실제로 권위를 가져다준다.

이와 대립되는 정통적 개신교의 교리 안에도 그 중심은 너무 아래에 자리하고 있다. 곧 여기서는 교회 직무가 아니라 스스로 자기를 증명하고, 스스로 해석하며, 복종을 요구하는 성경 말씀을 모음의 중심으로 일컫는다. 여기서 성경 말씀은 무엇보다 옛 계약과 새 계약, 심판과 은총, 율법과 복음이라는 해소될 수 없는 실존적 이중성 안에 놓여 있다. 이것이 성경의 구조적 형태일지도 모른다. 그렇다 해도 전체로서의 성경은 다만, 사람이 되신 구체적 하느님에 대한 증언이다. 사람이 되신 분이 하느님의 절대적 사랑을 토대로 당신 자신을 해석하신다.

이를 근본적으로 이해한 것이 자유주의적 개신교 신학

이다. 자유주의적 개신교 신학은 분노와 사랑이라는 하느님의 두 얼굴에 대한 구약 성경의 인식을 넘어, 나자렛 예수를 영원하신 아버지의 순수한 사랑의 얼굴로 드러냄으로써 그렇게 한다. 그러나 십자가와 부활에서 드러난 자기 비허의 계시 형태를 무해한 것으로 만들어 일종의 '가르침' 또는 '비유'로 격하시킨다. 그 형태 자체를 모든 진지함을 다해 삼위일체적 하느님 사랑의 드라마적 현현이자 인간을 얻으려는 사랑의 투쟁으로 읽지 않는 것이다. 물론 가르침의 구절이 지닌 무해성이, 사흘 된 닫힌 무덤을 부수고 죄인의 부패하는 시신을 꺼내도록 부추기지도, 낙담한 제자들에게 용기를 주어 부활의 증인으로 세상에 나가도록 그들을 일으켜 세우지도 않는다.

이제 이로써 밝혀진 중심은 신학 내부의 위 세 가지 수렴 지점 너머에 놓여 있다. 그 중심은 케리그마Kerygma의 '내용들'을 자기 자신 안으로 모아들임으로써 스스로를 드러낸다. 더듬거리거나 추정적으로가 아니라 명백하게 자신을 드러내는 것이다. 그 안에 어렵지 않게 알 수 있듯, 위에서 말한 수렴 지점들이 포함되어 있으며, 그리하여 그렇게, 오로지 그렇게만, 자신이 세상과 인간에 대한 가르침보다 더 높은 중심임을 증명한다. 그 어떤 공식적 권위도, 교회 교도권이나 성경도, 자신을 드러내는 하느님 사랑의 '영광'에 의해 의문에 부쳐지기보다는 오히려 결정적으로 확증되기 때문이다. 그리고 그러한 권위에 대한 복종은 더욱 깊어지고, 이론적으로나 실천적으로나 그 근거가 확립된다. 그러나 사랑하시는 하느님에 대한 '가르침'은 이중적인 이 사랑의 복종 안에서야 비로소, 매번 여기서 지금 일어나는 사랑의 신비로서의 다급성과 현재성을 획득한다. 철학적인 하느님 상 역시 의문에 부쳐지지 않는다. 오히려 모든 단편적 하느님 상들이, 분출하는 사랑의 신비 속으로 수렴되어 충만하게 된다. 이와 더불어 철학적 개요들의 형식적 넓이가, 성령을 무시하는 가운데 그리스도 계시의 역사 내적 측면에 시선을 고정하고 이를 최종적으로 중대한 것으로 받아들일 위험에서 신학자들과 주석가들, 믿는 모든 그리스도인을 지켜 줄 수도 있다. 결국 계시는 인간학의 모든 자연적 추구와 초자연적 추구도, 흔들리는 마음의 그 갈망이 내적으로 채워지는 것도 전혀 부정하지 않는다. 그러나 계시를 통해 분명해지는 사실은, 하느님 마음의 사랑이 먼저 다가와 그에게 눈길을 주었을 때야 그 마음은 비로소 자기 자신을 이해한다는 점이다. 십자가에서 우리를 위해 부서진 그 하느님의 마음이 말이다!

인간 정신이 감각에 묶여 있기 때문에, 사랑이 그 정신에게 '외부에서' 나타나는 게 아니다. 사랑은 다만 인격들 사이에 존재하기 때문이다. 모든 철학이 이 점을 늘 거듭 무시하는 경향이 있다. 우리와 온전히 다른, 절대적 타자이신 하느님께서는 타자의 자리에서, 곧 '형제의 성사' 안에서 당신을 드러내신다. 그리고 그분은 (세계와의 관계에서도) **온전한 타자로서만이** 동시에 **타자가 아닌 분**(니콜라우스 쿠자누스, 《다른 것이 아닌 것 *De Non-aliud*》)이시다. 그분은 당신의 타자성 안에서, 세계 안 이 존재와 저 존재 사이의 대립성도 뛰어넘으신다. 그분은 넘어서 있는 분이시고, 오직 그렇기 때문에만 안에 있는 분이시다. 그러나 그분이 넘어서 계신다는 이유로, 당신을 우리에게 영원한 사랑으로 계시하시고, 당신의 불가해성 안에서 당신을 이해할 수 있게 하시고, 우리에게 당신을 선사하실 권한과 힘, 말씀을 잃지 않으신다. 이성적 숙고는 자신이 파악할 수 없다는 사실을 이성적으로 파악한다.[47]

주

1 —— 내재적 측면에 대하여는 "Gott redet als Mensch" in: *Verbum Caro*, 1960, 73-99를 참조하라.

2 —— Nicolaus Cusanus, *Opera omnia* Ⅶ (Meiner 1959) 7, 11, 16, 20, 62.

3 —— Petrarca, *Ep. Famil.* Ⅳ. 4. 여기까지 이르는 역사에 대하여는 Jean Leclercq, *L'Amour des lettres et le désir de Dieu* (Cerf 1957), 같은 저자의 *Études sur le vocabulaire monastique du Moyen Âge* (Studia Anselmiana 48, Rom 1961)를 참조하라.

4 —— M.-D. Chenu, *La théologie au XIIe siècle* (Vrin 1957).

5 —— Renaudet의 저술들과 *Courants religieux et humanisme* (Colloque de Strasbourg 1957)를 참조하라.

6 —— 레싱은 한밤중에 왕궁에서 "불이야!" 하는 외침을 듣고 놀라서 뛰쳐나온 다양한 사람들이 왕궁에 있을 것 중 가장 귀중한 것을 구하기 위해 어떻게 행동하는지를 묘사한다. 그들은 왕궁 건축가에서 유래한다고 서로 주장하는 각기 다른 도면을 가지고 있다. 그리고 각자 '이 도면에 있는 곳만 구하자. 왕궁은 이 도면에 나온 것 이상으로는 불타지 않을 것이다.'라고 생각한다. 그들은 불을 끄러 왕궁으로 가는 대신에 각자 도면을 들고 거리로 달

려 나가 왕궁의 어디가 불타는지 자신의 도면을 가리켜 보인다. 자기 도면에 나오지 않는 화재 현장에 관심을 두는 이는 한 명도 없다. "원하는 자가 불을 꺼라. 난 거기는 불을 끄지 않겠다!" (Theol. Schriften III 95 이하).
솔로비요프는 분열된 동방과 서방을 포함한 그리스도교 전체를 두고 레싱과 비슷한 우화를 통해 똑같이 신랄한 이야기를 한다 (*Rußland und die Universale Kirche*, Werke, Wewel II [1954] 184 이하).

7 — Friedrich Heer, *Die Dritte Kraft. Der europäische Humanismus zwischen den Fronten des konfessionellen Zeitalters*, Fischer 1959.

8 — Lessing, *Die Erziehung des Menschengeschlechts*, §4.

9 — Kant, *Streit der Fakultäten* I, Allgemeine Anmerkung.

10 — Schleiermacher, *Reden über die Religion*, zweite Rede(Ausgabe R. Otto), 32.

11 — 위의 책, 42, 46-50.

12 — Schleiermacher, *Der christliche Glaube*(2. Aufl. 1830), Einleitung, §3-4.

13 — Schleiermacher, *Reden* I, 13.

14 — 《그리스도교 신앙*Der christliche Glaube*》에서 슐라이어마허는 모든 주요 주제를 세 번의 전개를 거쳐 발전시킨다. 곧 경건한 주체의 애착으로서, 우주의 상태에 대한 진술들로서. 신에 대한 진술들로서 살핀다. 두 번째와 세 번째 형태는 첫 번째에서 파생된 것이고 "엄밀하게 말해 본래 불필요"하다(Sendschreiben an Lücke, hrg. von Mulert [1908] 47 이하).

15 — Lessing, *Theologische Schriften* I, 40.

16 — 다른 한편 블롱델이 《행동*L'Action*》을 저술하던 시기에 작성한 《내밀의 수첩*Carnets Intimes*》(Cerf, 1961)에 보면 겉으로 드러나는 (거의 인

간학적에 가까운) 철학적 형태 뒤에는 아우구스티누스적인 거룩하고 순수한 '평온하지 않은 마음cor inquietum'이 숨어 있음을 알 수 있다. 이 마음 안에서 하느님을 향한 모든 열망은 매번 단념되어 사랑의 무차별성이 지닌 겸손한 응답Fiat 속으로 넘어가 있다.

17 ─ 마레샬에게서도 마찬가지로 철학적 역동성 너머와 그 이면에는 다른 관심이 숨어 있다. 곧 신비주의자들이 말하는 절대 존재의 직관이다. 물론 이 직관은 베일에 싸여 있다. 모든 철학은 결국 안뜰로서, 이 직관으로 들어가는 불안정한 넓은 입구다. *Mélanges Joseph Maréchal* I (1950), 23 이하와 이전의 저술들을 참조하라.

18 ─ Angelus Silesius, *Cherubinischer Wandersmann* I, 61-62. 참조: V, 160; II, 81; V, 325.

19 ─ 토마스 아퀴나스는 인간학을 정초定礎하면서, 신 존재 증명을 지성적으로는 하느님 직관을 목적으로 하는 본성적 갈망desiderium naturale의 역동주의 안에서(CG III, 25), 윤리적으로는 완전한 참행복beatitudo perfecta을 향한 열망의 역동주의 안에서(STh I, II, 99, 2-3) 전개한다.

20 ─ Ludwig Feuerbach, *Das Wesen des Christentums*, Einleitung, 2. Kap. (Werke 1903-1911, VI, 32). 《신경, 신앙과 도덕에 관한 규정·편람》 806 참조.

21 ─ Ludwig Feuerbach, *Grundsätze der Philosophie der Zukunft*, §54 (1843), Werke II, 317.

22 ─ 위의 책, §34-35, 299.

23 ─ 이 강력한 운동의 미미한 한 형태를 일종의 평균적인 가톨릭 인격주의에서 찾을 수 있다. 이 인격주의는 중간 시기의 셸러에게 자극을 받아 제1차 세계 대전 이후에 청소년 운동과 함께 정점을 찍

었고, 그 마지막 후예가 여전히 곳곳에서 출몰한다. 그들에게 중요한 것은, '자유로운 자기 책임' 아래 '그리스도교적 인격'을 양성하는 것이다. 이 양성은 사람들과 문화적 가치들과 교회를 포함한 종교적 공동체들과의 자유로운 만남을 통해 성취된다. 그들이 말하는 그러한 그리스도교에서 십자가는 '신체적 고행'에 속하거나, 아니면 (상호적으로) 체결된 옛 계약과 새 계약 안에서 더 나은 보호 아래 시작된 하느님과 인간 사이 '파트너십'의 유감스러운 부록 Epilog이다. 전례 운동에서도 역설적으로 이러한 사고방식의 일부가 반사되어 나타난다. 곧 제대에서의 하느님 백성의 더 많은 참여가 그 올바른 의도에도 불구하고 슬며시 자기 체험이나 공동체의 경건한 자의식의 자기만족으로 전락한다. 그리고 이는 새로운 건축에 반영되기까지 한다. 마지막으로 '유기체설有機體說'을 근간으로 하는 신비체 신학의 통속적 형태가 있는데, 이는 우주론적인 낭만주의 신학에서 유래하는 것으로서, 그리스도의 몸 가운데 성사와 덕을 통해 거룩하게 된 '지체'는 그 어떤 간격도 없이 머리와 연결되어 있다고 주장한다. '영적인' 차원에서 귀족적 품위로 생각하든, 우주적 차원에서 민주주의적으로 생각하든, 매번 여기서 지향하는 바는 종말론적 예루살렘으로서의 '교회'이거나 우주 전체 안에 깃든 하느님의 총체적 육화다(테야르 드 샤르댕).

24 — 이와 관련해 에밀 브루너에게서 나타나는 위험을 그의 《만남으로서의 진리*Wahrheit als Begegnung*》에서 볼 수 있다. 디트리히 폰 힐데브란트, 가브리엘 마르셀, 아우구스트 브루너의 저술들과 '대화의 원리'에 기반한 마르틴 부버의 작품들(Werke I, 1962에 수록)도 참조하라. 순전히 철학적인 응용은 Karl Jaspers, *Philosophie* Bd. II (1932)를, 그 밖의 참고 문헌은 *Ich-Du-Verhältnis* RGG3 III (1959) (Theunissen) 항목을 보라.

25 — 칼 바르트가 모든 것을 하느님 말씀과 인간에 대한 그 말씀의 자

기 해석 위에 정초함으로써 왜 '존재의 유비analogia entis'를 거부하였는지가 여기서 아주 분명하게 드러난다. 그러나 계시를 하느님의 현존재와 '신성'을 둘러싼 이성적 전이해로 환원하기를 거부하는 것이야말로 그의 목적에 충분히 부합했다(여기 이 글에서 충분한 것과 마찬가지다). 낯선 이를 만난 적도, 그에게 말을 건 적도, 그에게 자신을 소개한 적도 결코 없는 사람은 자신이 그에 대해 무엇인가를 안다면, 그를 '안다'고 말할 수 있을 것이다. 하지만 똑같이 정당하게 그를 알지 못한다고 할 수도 있다.

26 — 예를 들면 *Buch über Adler* (Werke Bd. 36 [1962] 192 = Werke Bd. 21-23 [1960] 117-134).

27 — 특이하게도 그리스어에는 라틴어 '권위auctoritas'에 해당하는 말이 없다. 이 라틴어는 먼저 인증, 후원의 보증, 도움의 영향, 중대한 추천, 조언, 설득 등을 의미하고, 그다음에 이차적인 의미로 권위 있게 표명된 견해, 명령, 권위를 가리킨다. αἰδώς는 경외심을 품은 수줍음을, ἀξίωσις는 대개 주체적인 존경과 인정, 그리고 오로지 이에 근거하는 객관적 지위를, τιμή는 마찬가지로 주체적인 평가와 결산, 가치 결정, 그리고 이에 따른 존경과 최종적으로는 객관적 품격을 가리킨다.

교회의 권위는 '하느님께 저항하는 모든 보루를 허무는 일'로서 바오로에 따르면 '모든 자기 생각을 포로로 잡아 그리스도께 순종시키는 것'(2코린 10,5 참조)이다. 순종하시는 그리스도께 순종하는 이중적 의미에서 말이다.

28 — 이와 달리 구약에서는 하느님 말씀이 인간에게 도달해 있긴 하지만 본질적으로 약속의 말씀으로 머무른다. 그리하여 형식상으로는 선택과 거부 사이 추상화하는 유동적 상태에 고정되어 있고, 또 그럼으로써 응답하는 신앙을 추상적인 유보 상태에 머무르게

한다. 그러한 상태에서는 신앙은 사랑과 동떨어진 것이다. 그러나 이 형식이 역동적으로 자신을 넘어 얼마나 많이 신약으로 진입해 있는지 간과해서는 안 된다. 더욱이 이 점에서 이미 명백하게도 (나중에 더욱 분명하게 밝혀지겠지만), 형식상으로 이를테면 경전의 원칙이나 (개신교적 의미에서) 경전의 형식적 권위란 신약의 차원에서는 있을 수 없다. 그런 것이 가능하기 위해서는 구약과 신약으로부터 '경전 일반'이라는 개념으로 넘어가는 추상화가 성취되어야 할 것이다. 경전 일반이라는 개념은 성경의 영역과는 무관하며, 그런 경우에 성경 말씀은 실질적으로 구약의 양면성(심판-은총)에 고정되어 있는 것이다. 그렇다면 '오직 성경만으로'라는 원칙과 이중 예정은 동일한 하나의 두 측면이라고 할 수 있다.

29 ─ (익명으로 쓰인) Maurice Blondel, *La Semaine Sociale de Bordeaux et le Monophorisme* (Paris, Blond 1910)과 Daniel-Rops, *Une crise de l'esprit. le Modernisme* (in La Table Ronde, Nov./Dez. 1962)를 참조하라.

30 ─ 이에 대하여 파스칼의 《팡세》를 보라. 성경의 계시를 다루는 부분에서 훌륭하게 이야기하고 있다. 내 논문 "Les yeux de Pascal" in *Pascal et Port-Royal*(Fayard, Paris 1962)를 참조하라.

31 ─ 이를 아주 냉철하게 들여다본 이들이 영국의 그리스도교적 자유사상가들이다. 추상적인 사랑의 인본주의와 덕의 인본주의에 반대해서 말이다. 홉스는 더욱 급진적이고, 로크와 윤리적 자유주의는 좀 더 온건하다. 버나드 맨더빌은 냉엄하다. 인간을 점차적으로 도덕화하려는 프로그램은 그러한 시도가 동물적 차원에 뿌리를 두고 있다는 점에서 의심스럽다. 이는 역사적이고 문화적인 전진을 내세우면서도 본성 전체와 그 균형에 대한 숨겨진(유심론적) 공격을 내포하는 것으로 보인다. 인간 실존을 '탐욕concupiscentia'으로 해석하는 아우구스티누스적이고 파스칼적인 분석

에 대해서도 본성적 차원에서 불가피하게 고려할 수밖에 없다.

32 ─ 예수회의 조르주 모렐이 십자가의 성 요한을 헤겔을 토대로 해석하는 것은 완전히 옆길로 빠진 것이다. 유일무이하신 하느님께서 그 성인에게 사랑을 계시하시는 절대적 유일회성은 일반적인 존재 범주나 이성 범주로 환원될 수 없기 때문이다(*Le sens de l'existence selon S. Jean de la Croix* I-III, Aubier 1960-1961). 예수회의 가스통 페사르가 이냐시오의 《영신 수련》을 헤겔에 따라 해석하는 것은 아주 위험하다(*La Dialectique des Exercices spirituels de S. Ignace de Loyola*, Aubier 1956). 물론 계약 안에서 이루어지는 하느님의 자기 계시를 세계 로고스와 역사 로고스의 변증법적 구조로 읽어 낸다 해도, 하느님은 결코 그 로고스 자체가 아니시다. 사유하는 그리스도인이 변증법적으로든 실존론적으로든, 그 로고스를 확실히 인식할 수 있다 해도 말이다. 따라서 에리히 프시바라가 (*Analogia Entis* 1-II, 1962에서) 철학과 신학에서 이루어지는 세속적 사유의 변증법 전체를 그 자체로 붕괴하도록 한 것은 옳은 일이다. 그 모든 것은 하느님 사랑이 지닌 결코 제압될 수 없는, 늘 매번 더 큰 신비 앞에서 와해된다.

33 ─ 그리스도교 이전의 우주론적 영지는, 이 영역에서는 아직 하느님 사랑이라는 말의 울림이 없었다는 점에서 관대히 넘길 수 있다. 반면에, 모든 것을 포괄하는 더 높은 응축 지점으로서의 그리스도 사랑을 의식적으로 거스르는 것은 사랑의 거부를 명백히 드러내는 것이며, 이로써 스스로 죄를 자초한다(요한 15,22 참조).

34 ─ *ThWNT* Bd. V, 835-840.

35 ─ 아우구스티누스가 이 완전한 '예fiat'의 원형적 특성과 근원적 보편성을 장대하게 묘사한 바 있다.
"너는 창조된 어떤 고결한 존재가 그토록 순수한 사랑으로 진정 영원하신 참하느님과 하나로 연결되어 있음을 부정하는 것인가?

비록 그 피조물이 그분처럼 영원하지는 못하다 해도, 결코 그분에게서 떨어져 나가거나 시간의 연속과 변천 속으로 사라지지도 않으면서 하느님만을 지극히 진실하게 관상하는 가운데 쉬고 있는데 말이다. …… 지혜가 모든 것에 앞서 창조되었으므로(집회 1,4 참조) 그 이전에는 시간을 발견할 수 없습니다. 저의 하느님, 물론 이는 그의 아버지이신 당신과 온전히 영원하시그 같으시며, 그를 통하여 만물이 창조된 그 지혜를 의미하지 않습니다. …… 분명코, 창조된 지혜를 말하는 것입니다. …… 이 지혜는 빛을 관상함으로써 빛인 지혜입니다. 다시 말해, 창조되기는 했지만 이 역시 지혜라고 일컬어집니다. 그러나 비추는 빛과 반사하는 빛 사이 그 거리만큼이나 창조하는 지혜와 창조된 지혜 사이도 멀기만 합니다. 이는 마치 의화하는 의로움과 의롭게 된 의로움 사이의 간극과도 비슷합니다. …… 그러므로 모든 것이 창조되기 이전에 창조된 어느 한 지혜가 있으니, 이는 이성적이고 지성적인 정신으로서, 당신의 순결한 도성이요 '위에 있고 자유로운'(갈라 4,16 참조) 우리 어머니인 도성입니다. …… 아, 빛나고 아름다운 집이여! …… 나의 나그네살이가 너를 두고 한숨지으니, 너를 지으신 그분께 내가 말씀드린다. 네 안에서 나도 소유해 달라고. 나 역시 그분이 지으신 때문이다."(아우구스티누스, 《고백록 Confessiones》 XII c 15)

36 ─ "그분이 성부와 성령과 함께, **다른 방법이 아닌 당신의 죽음으로써만** 당신 권능의 영광을 세상에 보여 주기로 결정하셨기 때문이다."(안셀무스, 《왜 하느님이 사람이 되셨는가 Cur Deus Homo?》 I, 9)
또한 이로써, 그리스도 안에서 이루어진 하느님 사랑의 계시가 어떤 의미에서 **간접적**인지가 분명해진다. 하느님께서는 **다만** 인간 안에서 (온전히 타자로서) 나타나실 뿐만 아니라, 그 밖에도 인간 안에서 하느님을 가장 닮지 않아 보이는 것을 통해서도 나타나신다. 그러나 나타나면서도 감추는 이 모순의 표징은 그 자체로 그저 인간의 죄스럽고 자연적인 이성에게만 그럴 뿐이지 하느님께는 그렇지 않다. 하느님께서 주도권적 자유 안에서 이 표징을 당신을 드러내시는 표현 양식으로 선택하신다면, 이 표징은 더 이상 넘어설 수 없이 적절한 것이지 결코 '모순'이 아니다. 이는 인간이 (믿음 안에서) 하느님의 시선에 초점을 맞추기만 하면 금세 명백해진다. 그리하여 확신을 가지고(믿음의 확실성), 하느님의 사랑이, 그 헤아릴 수 없는 깊이 안에 머무르면서도, 모든 말들 가운데 가장 탁월한 말을 찾아냈음을 보게 된다.

37 — 성경에서 그리스도의 계시와 교회의 계시를 통틀어 (있는 그대로 당신 자신을 드러내시는) 하느님의 진정한 계시를 의미하는 데서는 언제나, 다시 말해 실질적으로 어디서나, 필연적으로 구원 경륜의 차원에서 절대적 하느님 상을 함축한다. 이를테면 바오로가 마치 '오직' 구원 경륜적 삼위일체만을 주목했던 것처럼 여기면, 이는 적지 않은 신학적 빈곤을 드러낼 뿐이다. 그런 신학은 지극히 안일하게, 구원 경륜을 통해 나타나는 삼위일체 **사건** 안에 형식상으로나 내용상으로나 굳게 머무르지 않으면서, 일련의 범주들로 내재적 삼위일체를 포섭하려는 조직학이다.

38 — 단테의 《신곡》에 나오는 지옥문 위의 글귀는 지옥과 하느님 사랑을 조화시키려는 사변적 시도로 읽힐 수 있다. "천주의 힘, 그 극한 지혜와 본연의 사랑이 나를 만들었느니라."(단테 알리기에리, 《단테의 신곡》, 최민순 옮김, 지옥편 3,5-6)

39 — 교의 신학이 가능한 것은 하느님 사랑의 자기 비허에 대한 '이성적 해명'이라는 점에 있다. 이는 복음 선포를 위해서나 교회의 명상적 숙고를 위해서나 필수적이다. 다만 그 전제는, 교의 신학이 그 모든 개념화를 통해 가리키는 중심은 언제나 사랑의 신비여야 한다는 점이다. 성화와 사랑의 영은 지혜의 영, 사랑에 대한

학문의 영이기도 하다. 물론 이 영은 하나이고 같은 영이다. "진리와 사랑은 분리할 수 없는 날개들이다. 진리는 사랑 없이 날 수 없기 때문이다. 그리고 사랑은 진리 없이 날아오를 수 없다."
(Ephrem, *Hymnen Vom Glauben* 20, ed. Beck[1955], 59-60).

40 — 창조주이시고 구원자이신 하느님 자신이 이런 의미에서 전진적으로 생각하시고 행동하신다. 곧 그분 앞에 떠오르는 우리의 최종적 모습을 향해 앞으로 나아가신다. "하느님께서는 우리가 우리의 공로로 어떻게 있는지가 아니라, 당신의 선물로 어떻게 될 것인지 하는 그만큼 우리를 사랑하신다."(하인리히 덴칭거, 제2차 오랑주 교회회의: 법규들 제12조, 《신경, 신앙과 도덕에 관한 규정·편람》 382)

41 — "저는 그 질서를 알지 못하는 시간 속으로 흩어져 있고 …… 산산이 부서지고 있으니, 당신 사랑의 불로 깨끗해지고 녹아내려 당신 안으로 흘러들기까지 그러합니다. 그리하여 저는 마침내 당신 안에서, 저에게 형상을 주시는 당신의 진리 안에서 멈추고 굳어질 것입니다."(아우구스티누스, 《고백록 *Confessiones*》 XI c 29-30)

42 — 영혼 불멸: 그렇다면 육체와 영혼의 단일체로서의 한 인간은 어디에 있다는 말인가?
(플라톤적이든, 스토아학파적이든, 아베로이즘적이든, 생철학적이든, 진화론적이든) 생명 전체 속으로의 해체: 그렇다면 인격은 어디에 있고 사랑의 일회적 유일성은 어떻게 되는가?
(인도 계통의 종교에서든, 피타고라스 철학에서든, 인지학에서든) 영혼의 환생: 여기서는 앞의 두 물음이 동시에 제기된다.

43 — Ferdinand Ulrich, *Homo Abyssus*(1961); Gustav Siewerth, *Das Sein als Gleichnis Gottes*(1958); 같은 저자, *Das Schicksal der Metaphysik von Thomas zu Heidegger*(1959)를 참조하라.

44 — 존재와 본질을 향한 사랑의 그윽한 눈길 안에서, 배우자에 대한

진정한 사랑과 가족의 삼위일체적 불길의 품속에 있는 자녀의 진정한 사랑과 진정한 우정과 진정한 조국애에 대한 통찰 안에서, 매번 사랑이 내몰리고 시험당하고 증오와 배반과 죽음으로 산산이 부서지는 위험과 확정적인 모든 성공 너머의 신비스러운 변모 안에서 언제나 모든 위대한 신화와 신비적인 종교들의 황금 같은 고갱이 역시 함께 보존되어 있다. 또한 탈신화화되었다고 말하는 세상 안에도 그 고갱이가 현존한다. 믿을 만한 새 표상들을 언제나 다시 자신으로부터 밖으로 표출할 수 있는 그 중심 말이다. 칼 데론이 이 표상들이 그보다 상위의 그리스도교적 표상 안으로 통합된다는 것이 무슨 의미일 수 있는지를 보여 주었다.

45 — 이에 대해서는 나의 글 "Gott redet als Mensch" in: *Verbum Caro*, 1960, 73-99와 Benziger에서 1963년에 출판한 역사 신학적 작품에 담긴 "Die Vollendbarkeit des Menschen"과 "Die Vollendbarkeit der Geschichte"를 참조하라.

46 — 토마스 아퀴나스는 참으로 이렇게 알고 있다. 이는 그가 지복 직관visio의 기초를 공동 본성connaturalitas에 두면서 이 공동 본성을 지식의 선물donum scientiae보다는 (사랑을 전제로 하는) 지혜의 선물donum sapientiae에 속하는 것으로 본 데서 드러난다. Raymond Martin, *Le principe formel de la contemplation surnaturelle*, Revue Thomiste, oct. 1909를 참조하라.

47 — "Consideratio rationabiliter comprehendit incomprehensibile esse." Anselmus, *Monologion* 64(Schmitt I, 75,11-12).